Franz Roth

Die Schlacht von Alischanz

Kitzinger Bruchstücke niederdeutschen Heldengedicht

Franz Roth

Die Schlacht von Alischanz

Kitzinger Bruchstücke niederdeutschen Heldengedicht

ISBN/EAN: 9783743377059

Manufactured in Europe, USA, Canada, Australia, Japa

Cover: Foto ©ninafisch / pixelio.de

Manufactured and distributed by brebook publishing software (www.brebook.com)

Franz Roth

Die Schlacht von Alischanz

Vorrede.

Die erste Nachricht vom kitzinger Funde, welcher hier in dritter Ausgabe folgt, gab ich der gelehrten Welt am 2. Mai 1838 im nürnberger Korrespondenten [122. Nr., 728. und 729. S.]; diese Nachricht liegt mir jetzt, durch die Gefälligkeit des Hrn Hausmeisters Schenk, nach 36 Jahren wieder vor, ist aber mit einigen Fehlern behaftet.*)

. Die zweite Nachricht gab ich im J. 1839 in meinen deütschen Predigten [s. unten, 3. S.], auch mit Fehlern; im Sommer des J. 1840 folgte sodann meine erste Ausgabe des Textes, gedruckt zu Stattamhof; endlich lieferte ich im Sommer des J. 1843 hiezu einige Berichtigungen, mit einer Verwahrung gegen etwaigen Tadel [Bruchstücke aus der Kaiserchronik, 75. u. 82. S.].

Privatdocent Reuß schrieb die Dichtung im Sommer des J. 1838 zu Wirzburg ab [doch schlecht genug], und ließ sie am Anfange des nächsten Jahres bei Köpplinger zu Kitzingen an's Licht treten; am 20. Jän 1839 kam das Pfuschwerk dahier in meine Hände. Eine Anzeige des Fundes sandte Reuß an Dr. Robert Naumann zu Leipzig, welcher dieselbe im Serapeum, I. Jahrgang [Lpz. 1840. 8.], 321. — 325. S., abdrucken ließ.

Ich war im Frühlinge des J. 1839 in's k. Reichsarchiv dahier eingetreten, und hatte am Ende dieses Jahres geheirathet; die amtlichen und häüslichen Geschäfte ließen mir nunmehr wenig Zeit übrig, um mich mit dem Niederdeütschen, oder Altfranzösischen zu befassen. Daher kam es, daß ich das Erscheinen der Urschrift der Schlacht von Alischanz im J. 1854, und abermals im J. 1870 [s. unten, 2. S.], ganz unbeachtet ließ.

---

*) Lies: „der Schauplatz ist das südliche Frankreich"; ferner:

Plötzlich überraschte mich nun Hr. Dr. Suchier, damals in Marburg weilend*), mit einer „eingehenden Besprechung" meiner Kitzinger Bruchstücke [am 12. Juni 1872]; es war Dies ein besonderer Abdruck seines, unten [1. S, nach II.] genannten Aufsatzes, erschienen zu Wien in den „germanistischen Studien von Bartsch [I. Bd.]".

Es ward darum sogleich der verschollenen Handschrift unserer Schlacht von A. zu Wirzburg, Kitzingen und München nachgeforscht, aber umsonst; endlich kam sie doch dahier zum Vorscheine, nämlich am 24 Jän. 1873 [s. unten, 3. S.]. Auch den abgängigen 3 Falzen [s. unten, 4. S.] ward überall nachgeforscht, zuletzt in Nürnberg; Alles umsonst!

Dennoch geb' ich die Hoffnung nicht auf, daß nicht nur obige 3 Falze, sondern auch Kopf und — Hintertheil unserer Dichtung noch aufgefunden werden, indem nach der freundlichen Mittheilung eines Amtsgenossen noch einige Kisten, aus Kitzingen stammend, im k. Archive zu Wirzburg stehen, deren Inhalt noch nicht verzeichnet ist. Unser Konservator daselbst, Hr. Dr. Schäffler, hat ohnehin freundliche Mitwirkung versprochen.

Eigens will ich mich auch noch mit dem thätigen Geschichtsvereine zu Ansbach in's Benehmen setzen; denn in Mittelfranken lebte und wirkte nach meiner Vermuthung der Dichter unserer Schlacht v. A. [s. unten, 30., 44. u. 58. S.].

Wegen der Mundart [niederdeutsch, mit schwäbischen Einmischungen] halt' ich meine Ansicht noch zurück, biß sich die Mitforscher genauer hierüber ausgesprochen haben; denn das Schwäbische dem Abschreiber allein zuzurechnen, dünkte mir allmählich unhaltbar zu sein.

---

*) An dessen Hochschule ließ er sich späterhin als Privatdocent nieder. In diesem Frühlinge begab er sich wieder nach Paris, wo ihn bald darauf die Ernennung zum Lehrer der neueren Sprachen an der Hochschule zu Zürich überraschte, wie mich einst seine Zufertigung dahier.

München, am 9. Sept. 1874.

Die
Schlacht von Alischanz
[la bataille d'Aliscans],
Kitzinger Bruchstücke.

Quellen,
nach der Zeitfolge verzeichnet; dazu einige Hülfsmittel.

I. Fragmente eines altdeütschen Gedichtes von den Heldenthaten der Kreüzfahrer im heiligen Lande [so?], im Archive der Statt Kitzingen aufgefunden von Dr. F. A. Reüß. Kitzingen, 1839. 8. [15 Seiten].

II. „Gwillam mit der kurzen Nase", abgedruckt in: Denkmähler der deütschen Sprache vom 8. — 14. Jahrhunderte, herausgegeben von Dr. Karl Roth. München, 1840. 8., xiv. u. 79. S.

Vergleich dazu:

Über das niederreinische Bruchstück der Schlacht von Aleschans, von Hermann Suchier. Wien, 1871. 8. [26 Seiten].

III. „Willehalm [von Oransche]", abgedruckt in: Wolfram von Eschenbach, herausg. von Karl Lachmann. Berlin, 1833. 8., 421. S.; 2. Ausgabe, besorgt von Moriz Haupt. das. 1854. 8., auch 421. S.

Vergleich dazu die Bruchstücke, abgedruckt in:

a) Denkmähler ꝛc. von K. Roth, 68. u. 73. S.;
b) Quellen-Material zu altdeütschen Dichtungen

von Franz **Pfeiffer**, II. Theil. Wien, 1868. 4., 71. S.

Sieh endlich noch:

Über einige Handschriften von **Wolfram's Willehalm**, von H. **Suchier**; abgedruckt in der **Germania**, 17. Jahrg, 177. S.

IV. Guillaume d'Orange; chansons de geste des xi<u>e</u> et xii<u>e</u> siècles, publiées pour la première fois par W. J. A. **Jonkbloet**. Tome I. & II. La Haye, 1854. 8.; Beginn unserer Bruchstücke im I. Bde., 360. S., 5528. V.

V. Guillaume d'Orange, le marquis au court nes; chanson de geste du xii<u>e</u> siècle, mise en nouveau langage par W. J. A. **Jonkbloet**. Amsterdam, 1867. 8.; Beginn unserer Bruchstücke auf der 336. S. [Höchst empfindliche Lücke, mitten in den Siegen Rennewart's, auf der 340. S.!].

VI. Aliscans, chanson de geste, publiée d'après le manuscrit de la bibliothèque de l'Arsenal, et à l'aide de cinq autres manuscrits, par F. **Guessard** et A. de **Montaiglon**. Paris, 1870. II. 8.; Beginn unserer Bruchstücke 158. S., 5258. V.

Der Vollständigkeit wegen ist noch zu nennen:

VII. Wilhelm von Oransche, 1. Theil, gedichtet von Uolrich von dem Türlin, und herausg. von **Kasparson**. Kassel, 1781. 4.

Man verweile nicht lange bei dieser elenden Ausgabe; denn nächstens wird uns Dr. Suchier mit einer bessern beschenken! Einstweilen kann man übrigens das „regensburger Bruchstück" vergleichen, abgedruckt in:

Dichtungen des deutschen Mittelalters, herausg. von K. **Roth**. Stattamhof, 1845. 8., 134. S.

Hiezu ist beizuziehen:

über die Quelle Uolrich's von dem Türlin, und
die älteste Gestalt der Prise d'Orange, herausg. von
Hermann Suchier. Paderborn, 1873. 8.

Anmerkungen.

1. Biß jetzt kennt man von der Schlacht von Aliſchanz 12 altfranzöſiſche Handſchriften; 8 liegen in Frankreich, 2 in England, 1 in der Schweiz, und 1 in Italien. In Paris befinden ſich 7 Handſchriften [6 in der kaiſ. Bibliothek, und 1 im Zeughauſe]; 1 in Boulogne am Meere, 1 in London, 1 in Middlehill, 1 in Bern, und 1 in Venedig.

2. Die Auffindung der Kitzinger Bruchſtücke durch Reuß geſchah im Jänner d. J. 1838; die 21 Pergament-Falze hingen an einer Spitalrechnung des Js. 1613, wurden von Reuß abgelöst, zuſammengenäht, und mir bald darauf zugeſandt.

Vom 23.—26. April d. Js 1838 fertigte ich die erſte, vorläuſige, vom 16.—21. Juli die zweite, für den Druck beſtimmte Abſchrift; Hülfsmittel gab es, außer Wolfram's Wilhelm, damals keine. Es wird ſich alſo Niemand darüber wundern, daß allerlei Fehler mit unterliefen.

3. Die erſte Nachricht von obigem Funde gab ich im nürnberger Korreſpondenten [die Nummer weiß ich nicht mehr]; die zweite in meinen Predigten [Quedl. u. Lpz., 1839. 8., xviii. S. d. Vorrede]. Sogleich nach der 1 Nachricht forderte mir Reuß die Blätter ab, und ich ſah ſie in der ganzen Zeit nicht wieder, wußte auch ihren Fundort nicht. Am 20. Jän. 1839 empfing ich den kitzinger Abdruck durch Reuß, und wußte nun, warum ich die Bruchſtücke ſo ſchnell hatte abliefern müſſen.

Erſt nach Umfluſs von 34 Jahren, nämlich am 24. Jän. 1873, bekam ich dieſe koſtbaren Blätter wieder zu Geſichte; ſie ſind jetzt bezeichnet: „Cod. germ. 5249, 32“, und liegen in unſerer Staatsbibliothek. Oberbibliothekar Föringer vermittelte deren Auffindung, und der brave Hausmeister Schenk übergab ſie mir; Beiden meinen Dank!

4. So erbärmlich nun der kitzinger Abdruck iſt, ſo fand er doch ſchnell 2 Anzeigen; nämlich

   a) durch San-Marte [d. h. Albert Schulz] in: Neue Mittheilungen von Förſtemann, IV. Bd., 3. Heft. [Halle u. Nordhauſen, 1839. 8.], 133. S.; ſodann

b) durch J. Grimm in: Göttingische gelehrte Anzeigen, 174. Stück [Göttingen, 1839. 8.], 1743. S.

5. Mein Abdruck, zwar nicht ohne Fehler, aber doch 100mal besser, als der reußische, mußte 32 Jahre auf eine Anzeige warten, biß sich endlich ein junger Hesse über denselben erbarmte, und ihn im J. 1871 zu Wien bengalisch beleuchtete [s. oben II.]. Ihm sei hiemit öffentlich mein Dank dargebracht, doch mit der Einschränkung, daß nicht Reuß [der verdorbene Heilkünstler] die Aufeinanderfolge der 4 Blätter fand [wie auf der 4. S. behauptet wirt], sondern ich selbst; ich hatte nämlich dem Sprachforscher Vollmer meine Abschrift, nebst der Urschrift, zur Durchsicht mitgetheilt, und dieser setzte ohne mein Geheiß Nummern auf die Blätter; diese Nummern wurden für Reuß der Leitfaden bei seiner Abschrift. So ist es!

6. Zum Schlusse sei noch bemerkt, daß meine Nachforschungen zu Kitzingen, dahier, zu Wirzburg, und zu Bamberg, um die abgängigen 3 Falze aufzuspüren, erfolglos waren; noch ist Nürnberg übrig, woher noch keine Nachricht einlief.

München, am 4. Nov. [meinem Geburtstage] 1873.

K. Roth.

I. Blatt,

4 ganze Spalten enthaltend.

a. Berichtigter Text.

Rennewart redet.

[1. Sp.] „god wil, ez enſal alſo nit dergan,
ic[1]) enſal ee[2]) mit minem colben[3])
z'ieſelechem[4]) ſlage .x. unt .x. ſlan." —
„Monjoie!"[5]) rief er dar.
5. in[6]) der groſſen preſſe gieng er ſlan.
Nou ſullen de Haiden[7]) hueten[8]) vor im;
waren ſi al iſenin[9]),
er ſulte ſi[10]) douch ſlan hin. —
der koninc Sinagon[11]) ſtreit vrunkelichen[12]) do;
10. vor ſime ſuwerte[13]) mouchte gein wapen geſtan.
er unt die ſinen
daden den Criſten groſſe[14]) pine.
[Grüner Owerſtrich in der Handſchrift].
Renwart[15]) ſprach ſine bloden[16]) an:
„ir[17]) heren, wert u[18]) vrunkelichen!
15. wer ir[19]) vlucht,
den ſal ic mit diſem[20]) colben derſlan!" —
ſi ſprachen: „wir[21]) ſullen[22]) uch[23]) helfen uberal."—
Si kerten mit im in die ſcare.
Renwart ſinen[24]) groſſen colben[25])
20. mit baiden handen nam,
Mit .v. ſlegen[26]) ſloeg er .lx.[27]) dot;
darnach mit .vii. ſlegen
ſloeg er .c. Haiden in groſſer not.

25. do vielen de Haiden vor im gar,
alfe de fains doet daz ²⁸) gras obe.

Do ²⁹) fprachen fi: „vliche wir ³⁰),
ez ift ons not;
Guillam ³¹) hoet den tuvele*) mit im bracht!
30. de bloeden fprachen onder in:
„wir fullen ³²) vliehen hin;
hade jeder man .e. halsberg'an,
volge wir Renwarte, wir fin dot!
Meuchte wir comen
35. in daz fueffe lant van Vrankeriche ³³),
wir genefen van dirre not!" —
bi ainem ³⁴) waffer, in ainem ³⁵) diefen tal,
uber aine ³⁶) bruke ³⁷) woulten fi hardan.
Renwart gienc of ainen buhele ³⁸) dar,
40. fins volks ward er niergen geware.
Guillam fprac: „Renwart,
don hoes din volc boefelich ³⁹) bewart,
fi vliehen gein Vrankeriche vafte hin;
Si ne woullen nimer helfen dich" ⁴⁰). —
45. Renwart fprac: „ift daz war?
ic fal fe har ⁴¹) wider mit miner ftange
fchiere ⁴²) bringen dar" ⁴³)! —
Guillam fprach: „fich,
daz dir de Haiden it ⁴⁴) comen an!
50. fich haren unt tare ⁴⁵),
wie fcone ift der ftrit gare!" —
Renwart verftont fich do,
daz er fin gefpot hade alfo.
finen ⁴⁶) colben er of finen hals [2. Sp.] nam,
55. gein den bloeden er vafte laufen began,
aine wifen ⁴⁷) lief er zetale,
bi ainem ⁴⁸) waffer beftond er fi gare.

do worden ⁴⁹) fi dervart ⁵⁰) gar,
do fi Renwart fahen vor in dar.
60. er fprach: „ir rechten boefen ⁵¹) wichte,
warumbe ⁵²) vloucht ir,
do ir mich ⁵³) facht mit miore ftange
de Haiden vor u ⁵⁴) flan alle ⁵⁵) hin?" —
gegen im do fi alle quamen,
65. genade fe in ⁵⁶) baten,
daz er fin zornen ⁵⁷) lieffe varen;
fi fulten imme ftrite beffren ⁵⁸) gar.
ir ⁵⁹) fprach: „ic fal u ⁶⁰) verfoechen baz!" —
er jag-fe ⁶¹) zem ftrite dor daz ⁶²).
70. an begeinen ftachen fi woul .iiii c. Haiden dot.
Renwart fprach: „min ⁶³) zornen ⁶⁴) fi u ⁶⁵) ver-
geben gar;
ic fihe ⁶⁶) nou woul, ir wolt mir ⁶⁷) helfen uberal." —
fin bloede ⁶⁸) fcikt' er vor fic ⁶⁹) gar.
Mit fime colben gieng er de Haiden an,
75. do floeg er umbe fich haren tare **),
alf men ⁷⁰) mitem vlegel
daz corne uz derefcet ⁷¹) gar.
miten doden was daz velt becumert ⁷²) gar;
daz gelibert ⁷³) bloet vlofs har unt dar.
80. Mit luter ftime rief Renwart:
„ic fal Desrame ⁷⁴) unt fin here dot flan;
ic fal rechen,
daz an dem jonge ⁷⁵) Vivians ⁷⁶) ift gedan!" —
do de Heiden diz horten onder in,
85. dez ors mit fporen floegen fi ⁷⁷).
unt vlouhen vafte hin.
[Gr. Qw.].

Ein Heiden rante ze Desrame;
mit hoher ftime rief er fere:

„here, wir fullen⁷⁸) vliehen,
90. daz ift goet gedan;
de Criften haben ainen vreiffelichen man,
er treit aine ftange, mit ifen⁷⁹) beflagen,
in⁸⁰) meuchten .ii. ors nit gedragen;
er hat .xx.m.⁸¹) Haiden enfcomfiert gar." —
|Gr. Ow.|.
95. „fuic, boefcwicht", fprach Baudins;
„com' i'n an,
ic hon in unt Guillam fciere derflagen!" —
Er⁸²) mac woul fagen finen willen do;
er de dac morgen⁸³) come,
100. fo fal Renwart
mit im ftriten fo vreiffelich,
daz men van .ii. nie fach dem gelich.
[Gr. Ow.].

Renwart, mit groffen kreften gar —
jagt' er de⁸⁴) Haiden zen fciffen dar;
105. mit finre ftange zebrach er roeder unt maft,
barken, fciffe⁸⁵) unt calande.
fine ftangen fazt' er in daz waffer gar,
unt [3. Sp.] franc .xxv. voeffen⁸⁶)
in ainen⁸⁷) calant;
110. der maft was van golde gare.
darine was Bertran gevangen,
Guielin⁸⁸) unt Guizars,
Gautiers van Termes,
van Comarcis Girart, der fcone gewapent.
115. Renwart vant darin .l. Turke⁸⁹);
mit fime colben hat er alle dot geflagen.
of ainen hort quam er dar,
unt vant Bertran fere mit ifen⁹⁰)

120. unt waren verbonden fin augen clar
vor in [92]) quam Renwart,
mit fim [93]) colben of gehaben.
er had' en [94]) zehant derflagen;
ober er dochte [95]), dat er ware gevangen,
125. ende [96]) wurumbe [97]) wolt' er im gein leit doen.
Renwart vragt' in [98]), wane er ware?
er. faite, er ware van Vrankeriche†),
nave [99]) Guillams miter corter nafe [100]),
ende [101]) ware dar .iiii. mant gevangen. —
130. „Nou fal ic wefen in Arcange [102]) gevurt;
dar uz enfal ic numer mer comen!" —
do diz Renwart hade vernomen,
er zebrach de keten van handen
unt van voeffen gar,
135. unt omband [103]) im fin augen clare. —
Bertran [104]), der ftont of dar,
unt wapent' [105]) fic gare. —
„ir gelicht woul mit rechte,
daz ir fit vame edlen geflechte!" —
140. Bertran fprach: „waren [106]) de kinder [107]) der-
loft do,
fo war' ic umer vro." —
Renwart der lief dar;
do waren .l. Haiden gar,
de kindre floegen [108]) fi mit geislen do,
145. daran hiengen conoten [109]) van bli alfo;
daz bloet van irm libe vloefs [110]).
Renwart quam dar,
unt warf fe in daz [111]) mere,
unt derdrenkte [112]) fe gare;
150. de kinder derloft' er
van den banden dar.

So vil Haiden quamen gefamt
vor de fcif[113]) dare,
an allen fiden quamen fi Renwart an;
155. der floec fe nider one zal.
de kindre wapenten[114]) fich zehant.
do fprac Bertran: „hade wir orfe[115])!" —
[Kurzer gr. Dw.].

Do quam ain Turke gerant,
er was woul gewapent gar;
160. Elinant[116]), den derfloeg er dar.
Renwart haub[117]) of
finen groffen[118]) colben fuware[119]),
unt floec hors[120]) unt man
of ainen houfen gar.
165. do floeg er dot Malqidant,
Samuel, Samul unt Samuant,
daz nie orfe lebendinc[121])
[4. Sp.] van danne quam.
do[122]) fprac Bertran:
170. „vor defen flegen[123]) mac nit[124]) beftan,
olfe meuchte wir numer kein ors hon!" —
Renwart fprac: „der[125]) colbe ift fuar[126]) gar;
olf ic in derzuhe,
fo velt er alle dar!" —
[Gr. Dw.].
175. ain Turc quam do gerant;
er ftach Milon dor[127]) fin lib zehant.
Renwart fprach:
„dou hoes minen man derflagen!" —
mitem colben[128]) floeg er dar,
180. recht alf ain donre-flag,
daz orfe[129]) unt man of d'erden gelac. —

„numer meuchte wir orſe haben alſo!
dou ſols ſi ¹³⁰) ſtechen¹³¹) do!" —
   [Antwort Rennewart's.]
185 „dat¹³²) ſal ic leren¹³³) gar!" —
den colben er do mit baiden handen nam.

Der konc Morinde van Damas quam gerant,
ain Haiden
van vraiſſelichen¹³⁴) d'aine¹³⁵) becant.
190. Renwart ſloeg en of den helme¹³⁶) dar;
der colbe gienc dor den ſatel,
unt dor daz ors in d'erden,
daz iſt ware. —
„Nou en wirt ons numer ors,"
195 ſprach Bertran,
„wilton ſo dane ſlege ſlan!"
   [Antwort Rennewart's].
„ir ſult mir ¹³⁷) des conſeus¹³⁸) vermant haben;
ic hade ſin vergeſſen gar!" —
dat groſſe ¹³⁹) vame colben ¹⁴⁰) nam er ſi¹⁴¹) do. —
   [Gr. Ow.].

200. Der riche miralde ¹⁴²) Eſtelé¹⁴³) quam gerant dar,
of aime orſe, daz hieſs Appel-gra¹⁴⁴);
er¹⁴⁵) ſloeg do ainen bloeden ritre dot.
Renwart¹⁴⁶) ſtach¹⁴⁷) en vame¹⁴⁸) colben¹⁴⁹)
mit ſo groſſer¹⁵⁰) not,
205. daz ſin herce ſpranc
uz ſime libe gar.
daz ors gab er Bertran dar;
darouf ſaz er¹⁵¹) zehant.
er nam des Haiden ſcilt und ſpieſs¹⁵²);

ain Haiden ſtach er do,
unt gewan ain goet ors ſo,
Gerart[153]), ſime[154]) neven, gab er'z[155]) do.
der ſaz[156]) derof[157]), unt nam[158]) ain ſcilt[159]),
215. unt ainen ſpieſs[160]) ſo. —
Renwart ſtieſs[161]) ſo vreiſſelichen dar,
daz er iii. ors gewan zemale;
der kinder ſazen .iii. derof gar,
ſpieſſe unt ſuwerte[162]) namen ſi'n dar;
220. .ii. waren nouch ze voeſſen gar.
ain Haiden ſtach er,
daz er zebraſt gar.
darnach er do nit enlieſs,
.iii. Haiden er zemale obe ſtieſs[163]). —
225. de kint waren woul geriten;
do wart vraiſſelichen geſtriten[164]).
niemen[165]) . . .

Ende des I. Blattes.

b. Anmerkungen.

[1]) Handſchrift ꝛc., und noch öfters, was wir nicht weiter anmerken.

[2]) So gewiſs die Hſ., nicht ec, wie Reuß las; Beides iſt falſch, und es muß „et [halt]" heißen. Für ehe gebraucht unſer Dichter „er" [99. B.]., und „ee" erſcheint ſonſt nirgends.

[3]) Hſ. colbe, wie noch öfters; unten [16. B.] folgt das Richtige; dieſer Fehler gehört der ſchwäbiſchen Volksſprache an.

[4]) So beütlich die Hſ. [doch ohne das Auslaſszeichen], und ſo meine erſte Leſung; Reuß las „s" ſt. „ſ". Auch ich ließ ſpäterhin ſo drucken, weil mir das Schluſs-Eſs [s] zwiſchen 2 Selbſtlauten ein Schreibfehler dünkte, auch in der Hſ. niemals erſcheint. Dem Schreiber lag das richtige lesllch vor, welches er verhunzte. Das Wort erſcheint oft genug, z. B. in Wolfram's Wilhelm 96. 30.:

„Vil fteine kint unde wip
ûf die wer truoc; leslîches lip,
sô fi meifte mohten erdinfen."
Vergl. Beitr. 69. S.

⁵) So lautete der Schlachtruf [die krie ober grie] der Kärlinge; auch der Wilhelm's von Oranfche, und feines Heeres. Beitr. 70. u. 72. S. [Wilhelm 114 22. ff.]. — Die Deütfchen fprachen und fchrieben Monfchol, Monofchol, ober Munfchol; vgl. Wilhelm 116. 10.

⁶) Hf. Jn, und noch öfters; vgl. die 1. Anm.

⁷) haiden, ober heiden, mit „h", gewährt die Hf.; alle eignen Namen erhilten große Anfangs-Buchftaben, und wurden durchfchoffen. Das Wort „Heiden" bezeichnet übrigens hier Muhamedaner, ober Araber.

⁸) d. h. „fich hüten;" vgl. die 58. Anm.

⁹) Hf. jefenin, wie noch öfters; d. h. eifern, ober von Eifen; fonft gewöhnlich iferin.

¹⁰) fi fehlt in der Hf.

¹¹) Über diefem Namen fteht in der Hf. ein rother Strich, um die Aufmerkfamkeit des Lefers auf denfelben zu lenken; ebenfo unten [136. V.] über dem Namen Bertran. Auch das vorausgehende „der" ift hier roth gezeichnet.

¹²) So die Hf. ftatt vrumeklichen, d. h. brav, wacker; ebenfo unten [14. V.]; vgl. auch Lamprecht's Alexander 4221. V.

¹³) So die Hf. gewöhnlich ft. fwerte; ebenfo fuware u. fuwarz, ft. fware u. fwarz; vgl. unten [145. V.] conoten ft. knoten.

¹⁴) Hf. Groffe, Schreibfehler.

¹⁵) Diefer Name ift nirgends ausgefchrieben; die Hf. gewährt nur „R" mit dem Abkürzungs-Striche. Ich vermuthe, daß unfer Dichter Renwart fchrieb; altfrz. Rainouars und Renoart. — Rennewart war der Sohn des Desrame [Terremer], Vogtes von Balbak, und z. Z. Dienftmann Wilhelm's von Oranfche; Guiburg [Kiburg], des Letztern Gattinn, war die Schwefter Rennewart's, ohne es anfangs felbft zu wiffen.

¹⁶) So die Hf. hier, ohne „e"; fonft gewöhnlich bloeden. Diefes Wort ift zwar unfer „blöde", bezeichnet aber hier die „Feiglinge [altfrz. couars];" zunächft die „Ausreißer", welche das Heimweh hatten.

¹⁷) Hf. jr, wie noch öfters.

¹⁸) So die Hf. ft. nch [d. h. euch, vos]; vgl. den 17. u. 68. V.

¹⁹) So die Hſ. irrig ſt. „ur", d. h. von euch; unten [IV. 122. V.] folgt die vollſtändige Form, nämlich uwer.
²⁰) Hſ. diſen; Schrbf. oder Nachläſſigkeit.
²¹) So die Hſ. hier; ſonſt gewöhnlich wier, was wir nicht wiedergeben.
²²) Hſ. ſulen, Schrbf.; ſ. den 6. V.; unten [31. V.] folgt wieder ſulen.
²³) So die Hſ. ſt. „u" [vobis]; doch vgl. den 44. V.
²⁴) Hſ. ſine — colbe, Nachläſſigkeit.
²⁵) vgl. den 2. V.
²⁶) Hſ. ſlege, Schrbf.; denn ſogleich [22. V.] folgt das Richtige; vgl. den 170. V.
²⁷) So jetzt die Hſ., d. h. „60"; zuerſt ſtand nur .x. [10] da, und .l. [50] ward vorgeſetzt, doch von derſelben Hand.
²⁸) Hſ. dc, d. h. daz, wie gewöhnlich in alamanniſchen Hff.; vgl. Dichtungen d. d. MA., 140. S. — „de" bei Reuß und mir war falſch.
²⁹) Das „o" ſteht, weil vergeſſen, über dem rothen „b".
³⁰) Hſ. wier, und ſo gewöhnlich; ſ. die 21. Anm.
³¹) So ſchrieb wahrſcheinlich unſer Dichter; dieſer Name iſt nirgends ausgeſchrieben, und die Hſ. gewährt nur „G." — Gemeint iſt „Wilhelm, Markgraf von Oranſche," altfrz. „Guillames, li marchis d'Orenge."
*) Hſ. tuuele ſt. tuvel [Teuffel], und noch öfters; ebenſo buhele ſt. buhel [39. V.]. Suchier 22. S.
³²) Hſ. ſulen, wie oben [17. V.], Schrbf.
³³) riche ſteht 2mal in der Hſ., Schrbf.
³⁴) Hſ. aine̅, was Reuß ainen las, auch wohl der Dichter; vgl. die 48. Anm.
³⁵) Hſ ainen, Nachläſſigkeit; auch tale ſollt' es heißen.
³⁶) Hſ. ainen, desgl.
³⁷) Unſer Dichter gebraucht weder „ch", noch „ck", ſondern nur „k"; alſo hier bruke, und unten [IV. 189. V.] diken; iſt zu erwägen.
³⁸) So die Hſ. ſt. buhel [Hügel]; ebenſo tuvele [29. V.].
³⁹) Hſ. boeffelich; vgl. den 60. V.
⁴⁰) So die Hſ. ſt. dir; doch vgl. den 17. V.
⁴¹) So die Hſ. ſt. her, und noch öfters „e" ſt. „e".
⁴²) ſchlere ſteht von ſpäterer Hand, mit ſchwärzerer Tinte, auf abgeſchabter Stelle; vgl. den 85. u. 99. V. — Unſer Dichter ſchreibt ſonſt ſciere [97. V.].

⁴³) d a r iſt aus gar berichtigt; dieſelbe Hand und Tinte.
⁴⁴) d. h. nicht, wie noch jetzt in Schwaben.
⁴⁵) So hier die Hſ.; vgl. den 75. u. 79. V.
⁴⁶) Hſ. ſine, nachläſſig, wie oben [19. V.].
⁴⁷) Hſ. wiſent, Schrbf.; dem Schreiber kam ein Büffel
[wiſent] in die Finger.
⁴⁸) Hſ. ainen, nachläſſig; vgl. den 37. V.
⁴⁹) Dieſes Wort iſt zwar hinten [-den] abgerieben, die Leſung
ſteht aber doch feſt; ſ. unten [III. 73. V.].
⁵⁰) d. h. beſtürzt, erſchreckt; die Hſ. bietet: der vart,
was mich irre führte. Suchier 24. S.
⁵¹) Hſ. boeſſen; vgl. den 42. V.
⁵²) So hier die Hſ.; unten [125. V.] bekommen wir wa-
rumbe.
⁵³) Hſ. jer mir, aus Unachtſamkeit; vgl. unten [72. V.]
ſiehe; auch den 197. V.
⁵⁴) So hier und unten [71. V.] die Hſ.; vgl. auch den 17. V.
⁵⁵) Hſ. halle, wegen des folgenden hin; Schrbf.
⁵⁶) In wahrſcheinlich; die Hſ. hat hier ein Loch, die Spuren
ſprechen aber nicht für ſere.
⁵⁷) Hſ. zorne, nachläſſig; denn ſogleich [71. V.] folgt zornen.
⁵⁸) d. h. ſich beſſern; vgl. den 6. V.
⁵⁹) Hſ. jer ſt. er; vgl. unten [IV. 230. V.].
⁶⁰) So die Hſ. ſt. uch; vgl. oben [14. V.].
⁶¹) Hſ. jagſſe ſt. jagte ſi.
⁶²) Hſ. dor daz ſt. durch daz, d. h. darum; vgl. unten
[176. V.].
⁶³) Hſ. minen ſt. min, Schrbf.
⁶⁴) So hier mit Recht die Hſ.; vgl. oben [66. V.].
⁶⁵) So die Hſ. mit Recht; vgl. die 54. Anm.
⁶⁶) Hſ. jc ſiehe; vgl. oben [62. V.] jer ſt. ir.
⁶⁷) So die Hſ. mit Recht hier; oben [44. V.] hatten wir dich.
⁶⁸) So die Hſ.; man erwartet ſine bloeden.
⁶⁹) Hſ. ſi ſt. ſic, oder ſich; vgl. unten [137. n. 156. V.];
aber auch ſi [für ſibi] kehrt unten wieder [199. V.]. — „ſich"
war hier von „ſie" zu unterſcheiden; darum ſetz' ich ſie.
**) So hier die Hſ.; vgl. die 45. Anm.
⁷⁰) Hſ. überall m̄ ſtatt men, oder man; letzteres iſt die hoch-
deutſche Form.
⁷¹) Hſ. vz dereſſcet ſt. uzdriſkit, d. h. ausbriſcht.
⁷²) bekümmert, d. h. belaſtet, oder bedeckt. Suchier 24. S.

⁷³) b. h. das geronnene Blut.

⁷⁴) Und dennoch war Desrame [bei Wolfram Terremer, oder Terramer] der leibliche Vater Rennewart's! — Dieser war seinem Vater als Knabe wegen Brudermordes entlaufen, und von Kaufleuten als Sklave an König Ludwig verkauft worden; viele Jahre diente er an dessen Hofe zu Laon [altfrz. Montlaon] als Küchenjunge!

⁷⁵) So die Hs. st. jongen; vgl. die 24. Anm.

⁷⁶) Die Hs. bietet nur .v'ı. [scheinbar verl], und ich weiß nicht, wie unser Dichter schrieb; gemeint ist Vivianz, Neffe Wilhelm's von Oransche. Er fiel, noch blutjung, nach Wundern der Tapferkeit, in der ersten Schlacht auf Alischanz, welche Wilhelm verlor. Im Altfranzösischen lautet der Name Viviens.

⁷⁷) Die Worte: „dez orſ mit ſporē floegē ſi" stehen in der Hs. auf abgeschabtem Grunde, mit schwärzerer Tinte, und von späterer Hand; vgl. den 47. u. 99. B. — dez erscheint sonst nirgends in unserer Hs.

⁷⁸) Hs. ſulen, wie schon früher [17. B.].

⁷⁹) Hs. yſen; vgl. den 7. B.; unten [118. B.] folgt yſen.

⁸⁰) Hs. jn [d. h. ihn], was sich auf Rennewart bezieht; in der altfrz. Urschrift [5591. B. bei Jonkbloet] geht „en" auf die Stange [den Kolben]. Suchier 24. S. — Das Nämliche bietet der älteste Text, wie folgt:

„Un tel fuſt porte, ja mar le meſqerrés,
Tout en ſeraıt l. cevaus encombrés."
Alıscans 160. S.

⁸¹) d. h. „er hat 20,000 Heiden ganz aufgerieben."

⁸²) Großes „E", aus kleinem berichtigt, doch von derselben Hand.

⁸³) „dac morgē" steht in der Hs. auf abgeschabtem Grunde, mit schwärzerer Tinte, und von späterer Hand; vgl. den 47. und u. 85. B. — „de" steht st. „der."

⁸⁴) Hs. „der", Schrbf.

⁸⁵) Hs. ſclſe, Schrbf.; vgl. den 104. u. 153. B.

⁸⁶) d. h. „und sprang 25 Fuß weit"; l. also voeſſe, weil hier eine Richtung stattfindet. — Die altfrz. Urschrift bietet: „xxv. piés ſaillı tous meſurés." Alıscans, 161. S.

⁸⁷) Hs. aınem, Schrbf.

⁸⁸) Die Hs. hat hier ein Löchlein, und das roth gezeichnete „G" ist theilweise verloren; neben Gulelln erscheint auch Gulbelln in den altfrz. Hſſ.

⁸⁹) Hf. turke ft. Turken; vgl. den 158. u. 175. B.

⁹⁰) Hf. ysen; ebenso oben [92. B.], doch ohne Punkt; vgl. auch den 7. B.

⁹¹) an fehlt in der Hf.; „par les piés" hat die Urschrift.

⁹²) Hf. lm, Schrbf.; vgl. den 126. B. — Die Urschrift bot freilich: „Devant lul vint Rainouars."

⁹³) Hf. fin, Schrbf.

⁹⁴) Hf. haden, nicht hat en, wie man mir einst druckte.

⁹⁵) d. h. „aber er bachte," schwäbisch; dazu gleich wieder das plattdeutsche „dat!"

⁹⁶) Hf. vn̄ en̄ [am Anfange der Zeile], d. h. man soll statt unt [hochd.] ende [plattd.] lesen, wie unten [129. B.]; letzteres lag also dem Abschreiber vor. Sinn: „und darum wollt' er ihm kein Leid thun."

⁹⁷) So die Hf. ft. darumbe; oben [61 B.] hatten wir warumbe.

⁹⁸) Hf. lm, Schrbf.; vgl. den 121. B.

†) Hf. urankerlchem, Schrbf.; vgl. den 35. u. 43. B.

⁹⁹) So die Hf. ft. neve, d. h. Neffe, und noch öfters; vgl. den 46. B. — neve folgt unten [213. B.].

¹⁰⁰) Hf. mlt᷑ co᷑t᷑, d. h. mlter corter [nicht coerter]; also: „Neffe Wilhelm's mit der kurzen Nase." — Altfranzösisch hieß Letzterer: „Guillames au cort nés", z. B. Aliscans 49. S., und noch öfters.

¹⁰¹) So hier die Hf., sonst regelmäßig unt; vgl. den 125. B.

¹⁰²) Die Hf. bietet: „in arcare ge ge | vurt," ohne Sinn; Suchier schlägt vor: „in Arcange" [24. S.], was ich völlig billige. So hieß offenbar ein arabischer Ort; denn die Urschrift bietet:

„Or en dol estre en Arrabe menés."
Aliscans 162. S.

Wir fassen also „re" als bloßen Lesefehler ft. „m" auf, wofür mir ein trefflicher Beleg vorliegt; der fuldaische Mönch Eberhart las nämlich einst: „Billura de Heringen", ft. Billume [12. Jh.]. Dronke, Trad. et ant. fuld., 76. S.

¹⁰³) d. h. entband [band auf], nicht: band um.

¹⁰⁴) Über diesem Namen steht in der Hf. ein rother Strich; er soll die Aufmerksamkeit des Lesers auf denselben lenken; vgl. den 9. B.

¹⁰⁵) Hf. wapensic [am Ende der Zeile], ft. wapente sich; vgl. den 156. B., und wegen sic den 73. B.

¹⁰⁶) Hſ. varen, Schrbf.
¹⁰⁷) Nicht Kinder [in unſerm Sinne], ſondern Knappen.
¹⁰⁸) Hſ. floeghen; vgl. II. 74. Anm.
¹⁰⁹) So die Hſ. ſtatt knoten, b. h. Knöpfe.
¹¹⁰) Hſ. vloeſ, Schrbf.; ebenſo unten [209. u. 215. B.] ſpieſ.
¹¹¹) Hſ. warfeſe jn dem mere, was ich nicht dulden durfte; die Urſchrift bietet:
"Ens en la mer les [die 50 Nubier] va tous ſondeſlant."
Allscans 163. S.
¹¹²) Hſ. derderēkeſe, was ich gleichfalls berichtigen mußte.
¹¹³) Hſ. ſcif; vgl. den 104. u. 106. B.
¹¹⁴) Hſ. wapenſich; vgl. den 137. B.
¹¹⁵) Hſ. orſſe, und noch öfters; ich tilgte das 2. Eſs.
¹¹⁶) So gewiß unſere Hſ.; die Urſchrift bietet a. a. O.:
"Il laiſſe courre ſi va ſerir Elmant."
¹¹⁷) So die Hſ. ſt. hoeb; vgl. II. 136. B., aber auch III. 82. B.
¹¹⁸) Hſ. groeſſen, Schrbf.; vgl. den 19. B.
¹¹⁹) So die Hſ. ſt. ſware; vgl. den 10. B. [ſuwerte]. — Unten [172. B.] folgt ſuar.
¹²⁰) So die Hſ. ſt. ors, oder orſe, wie ſogleich [167. u. 171. B.]; engliſch horſe.
¹²¹) Hſ. lebebendinc, Schrbf.; vgl. IV. 19. B.
¹²²) do ward von mir ergänzt; hier iſt ein Stückchen Pergament ausgeſchnitten.
¹²³) Hſ. flege, nachläſſig; vgl. den 21. B.
¹²⁴) d. h. Nichts; eigentlich niht, vollſtändig nihtesniht, woher unſer nichts; vgl. III. 116. B.
¹²⁵) Hſ. de, Schrbf.
¹²⁶) So hier die Hſ.; oben [162. B.] hatten wir ſuware.
¹²⁷) So die Hſ. ſt. durch; vgl. oben [69. B.], und unten [191. u. 192. B.].
¹²⁸) Hſ. colbe, wie öfters; Pöbelform.
¹²⁹) Hſ. orſſe, wie oben [157. B.].
¹³⁰) Nämlich die Reiter, nicht die Roſſe.
¹³¹) d. h. ſtoßen, nämlich mit dem obern [dünnen] Theile des Kolbens; vgl. den 199. u. 216. B.
¹³²) Die Hſ. hat ſcheinbar dar; es muß aber das heißen. Sinn: "Das werd' ich gleich lernen!"
¹³³) d. h. lernen, nicht lehren; ebenſo:

„Daz er [Smaragbus] di gewonheit
Des ordens drate larte,
Swa er den fin dran karte."
Denkm. 52. S., 158. B. [Eufrofina].

¹³⁴) Wörtlich: „ein Heibe, von fchrecklichen einzig bekannt," d. h. der allerfchrecklichste Heibe. — Suchier 24. S. will licham [Körper] einfchieben, ohne Noth; denn unten [IV. 242. B.] bekommen wir dieſelbe Redensart. — Das Wort Körper [cors] fteht hier allerdings in der Urſchrift, doch in anderm Sinne; die Stelle lautet ſo:
„A grant mervelle ot bien ſon cors armé."
Aliscans 165. S.

¹³⁵) Hſ. früher taine, dann das „t" in „d" verändert; gleiche Hand und Tinte. Das „d" iſt bloßer Vorſatz, wie unten III. 131. B.

¹³⁶) So die Hſ. ft. helm; vgl. oben buhele [39. B.]; wir bekommen ſolche angehängte „e" noch öfters. Suchier 22. S.

¹³⁷) So die Hſ. ft. mich; vgl. den 62. B.

¹³⁸) Hſ. deutlich: desſtonſens, wie ich ſelbſt zuerſt las, dann aber Irriges drucken ließ; auch der Abſchreiber verſtand ſeine Vorlage nicht. Der Sinn iſt: „Ihr hättet mich an eſtern Rath erinnern ſollen." Suchier 25. S. — conſeus iſt das lat. conſilium, erſcheint aber hier nicht in der Urſchrift; dieſe lautet nämlich:
Dift Rainouars: „Jou l'avole oublié;
Or le feral ſi, com as deviſé."
Aliscans 166. S.

¹³⁹) das Große [frz. le gros, das Dicke], d. h. den untern [dicken] Theil des Kolbens; vgl. die 131. Anm.

¹⁴⁰) Hſ. colbe, wie oben [179. B.], und ſogleich wieder [203. B.]; Pöbelform.

¹⁴¹) So die Hſ. ft. ſich [ſibl]; vgl. oben ſic [73. B.].

¹⁴²) Hſ. ſcheinbar mitalde. — Dieſes arabiſche Wort bedeutet Herr, oder Fürſt, lautet mlat. amiraldus; ſpäterhin amirat, amir, und jetzt émir; unſere Urſchrift gewährt amirant [wovon ſogleich].

¹⁴³) Die Hſ. hat gewiſs eſtele, wie ich anfangs ſelbſt las, ebenſo Reuß. Späterhin bezweifelte ich, an eſkeller denkend [Denkm. 70. S.], meine Leſung, und ließ eſeele drucken; die Hſ. hatt' ich längſt abgeliefert, konnte ſie alſo nicht mehr vergleichen. Die Urſchrift bietet hier Folgendes:

N'ot ſi felon ne ſi mal desfaé,
Bien fu armés for .l. noir eſtelé [ſo]."
Allscans 166. u. 167. S.

144) „das hieß [ſo] **Apfelgrau**," war alſo ein **Grauſchimmel**, oder **gris pommelé**, wie die Franzoſen jetzt ſagen. Jonkbloet überſetzt einfach: „ſur un cheval noir." 340. S. —
„Swarz, wiz unt aphilgra." Uolrich's v. d. T. Wilhelm, 125. S. a.

145) Die Hſ. bietet hier irrig „**R.**", ſt. „**er**", nämlich Eſtele.

146) Ebenſo irrig ſteht hier „**er**" ſt. „**R.**", nämlich Rennewart, was ich leider überſah; Dr. Suchier berichtigte dieſe Verwechſelung. 25. S. — Sie ſcheint auf einem Hörfehler zu beruhen [der Schreiber verſtand „**Err**" ſt. „**er**", und umgekehrt]; vgl. II. 65. V.

147) Hſ. ſtachen für ſtach ln; der Sinn iſt übrigens: „R. ſtieß ihn mit dem Kolben." Mein früherer Vorſchlag war irrig. Suchier a. a. O.

148) vame ſteht hier für mitem, wie oben [179. B.]; der Dichter mied letzteres, weil mit ſogleich folgt. Überdies ſpricht für ihn die Urſchrift:
„L'a Rainouars ſi dou tinel bouté." Allscans 167. S.
„del tinel." 5823. B. bei Jonkbloet, welcher die Stelle ſo überſetzte:
„celui-ci l'atteint du bout de ſa perche" [a. a. O.], was allerdings deutlicher iſt.

149) Hſ. colbe, wie ſchon öfters; Pöbelform.

150) Hſ. groſſe, Schrbf.; vgl. oben [23. B.].

151) d. h. „darauf ſetzt' er ſich ſogleich;" vgl. den 214. u. 218. B.

152) Hſ. ſpieſ, Schrbf.; ebenſo unten [215. B.]; vgl. oben [146. B.] vl'oeſ.

153) Hſ. gera³t = geraert, gegen die Urſchrift, welche Gerart bietet; auch hatten wir ihn ſchon oben [114. B.] als Girart. — vgl. corter [128. B.].

154) Hſ. ſine neue ſt. ſme neven; oben [128. B.] hatten wir nave. — Übrigens war Gerhart nicht der „Neffe" Bertrand's [in unſerm Sinne], ſondern nur deſſen Vetter [couſin]; die Urſchrift lautet:
„Mort le trebuce, ſ'a le ceval coubré;
A ſon couſin Gerart l'a preſenté."
Allscans a. a. O.

¹⁵⁵) Hf. gaberdo [am Ende der Zeile]; das „n" ward vergessen.

¹⁵⁶) d. h. „der setzte sich darauf."

¹⁵⁷) Die Hf. hat hier derof, und sogleich [218. B.] wieder; oben [208. B.] darouf, wie billig; ich mochte Nichts ändern.

¹⁵⁸) Die Hf. bietet scheinbar nanr [nicht namr, wie Reuß las]; d. h. der Schreiber setzte an den 3. m-Strich aus Unachtsamkeit den Kopf eines „r."

¹⁵⁹) Das „e" in fcllt ist nachgetragen, und undeutlich.

¹⁶⁰) Hf. fpief, wie oben [209 B.].

¹⁶¹) Hf. fpftieft, doppelter Schrbf.; f. filefs [nicht filest, wie Suchier will]; vgl. den 224. B.

¹⁶²) So hier die Hf., wie früher [10. B.].

¹⁶³) Hf. ftieft, Schrbf., wie oben [216. B.].

¹⁶⁴) Hf. gheftriten, wie oben [144. B.] floeghen.

¹⁶⁵) Hf. nlem̄, woraus Reuß niemmer machte; der Vers lautete etwa so:

·„niemen was muezec dare".

mangen fi stachen unt floegen u. f. w.

Schlussbemerkung.

Wie man sieht, musste der Übergang zum 2. Blatte [weil es verstümmelt ist] ergänzt werden, was bei der 1. und 4. Spalte desselben durchaus nöthig ist. Gute Hülfe hätte uns hiefür der Übersetzer [Hr. Jungblut] geboten; statt uns aber diese zu gegewähren, schliesst er seine Übersetzung mit den Worten:

„Et Renouard donne tellement la chasse aux Arabes, qu'en un clin d'œil il se rend maître de trois chevaux. Il y fait monter trois des cousins. Il n'en reste plus, que deux à pied; mais enfin à ceux-là aussi il fournit des montures.

Voilà les sept cousins alignés. Ils remercient chaudement Renouard, de les avoir tirés de prison. Bientôt Arabes et Sarrasins connaîtront leurs force et leur bravoure. Déjà à leur voe ils reculent à une portée d'arbalète . . . .".

Und entschuldigt sich dann, wie folgt:

„La bataille continue. Ce sont surtout les prouesses de Renouard, qui en décident le sort; aussi sont-elles chantées à plaisir par le trouvère. Cependant nous croyons devoir consulter le goût du lecteur moderne, et retrancher la déscription de tous ces combats singuliers, dans lesquels Renouard reste vainqueur.

Voici en deux mots le sommaire du récit u. f. w."

Unsere Leser sind keine schwachnervigen Damen, wissen ihm also keinen Dank für diese Unterlassung! —

Ende der Anmerkungen zum 1. Blatte.

II. Blatt,

2 ganze, und 2 verstümmelte Spalten enthaltend.¹)

a. Berichtigter Text.

[1. Sp.] *mang*en si stachen unt sloegen.
wol *aine bogen-*scusse jagten si de Haiden,
danne de Haiden ulten*) alse honde vrei*ssselichen.
Renwart rief de kinder an,
5. dei er ha*de derlost* vame gevenkenisse:
„soecht *Guillam in dem gr*ossen²) storme!
hat er mich bi im,
Bernart unt Beunon³);
si ne deursten *nit* vorchten ain har!" —
[Gr. Ow.].
10. onder den Haiden . . . .
Renwart, der jonge bacelerare,
. . . . -e Heiden, daz er machte man*gen* satel lare.
van dem⁴⁾ bloede . . . uber den voefs⁵) dar.
er sloec ors, *daz ez* viel vor im zer erden dare,
15. als *der wint daz* durre laup
wirst van den baumen gare.
er sprach: „mitem stossen
mag ic ain uder .ii. haben;
mit⁶) miner *stange hab'* ic .vi. uder .viii dar." —
20. Bertran sprac: „ir heren,
habt ir⁷) van Renwart daz vernom*en*?
. . . . -e kereste**) wart suls⁸) nie⁹) vernom*en*!
Guillam soechten si in des strites not.
. . . . -c wegen zoe quam, daz was . . . .

25. **D**ie fonne, die was clar;
in .cc. *fteten fa*ch men ftriten hare unt dare.
.... -n dife jagten,
aine floegen .... *ime* bloede baden[11].
van orfe unt *van Haiden*
30. was gefcrei uberal.
Bertran quam, ... ain kuene ritre fal;
unde .... -s[12] zehant mit fime fpieffe
.... uch bis an die hant
mit im .... graven[13], die gevangen waren,
35. .... groffen pin.
[Gr. Qw.].
Guillam dercanten[14] fi an *den groffen* flegen[15]
fin,
of dem hohen orfe, *unt an* dem groffen lichame;
von*den* .... -en mer,
do er mangen Haiden .... -n. —
40. Beratran[16] fprach:
„hir fieh[17] *ic min kob*eronge dare;
min oehem .... *wain*te van hercen gare,
Renwart had' en derloft dan." —
Guillam fprach:
45. *wir hier* en haben nit reftonge;
wir *fullen de Hai*den flan;
der tuvele[18] hoet fe[19] *gefamnet* al,
diz lant ift van in be*feffen g*ar." —
do riten fi de Haiden an.***)
[Gr. Qw.].

50. [2. Sp.] **D**esrame hiefs[20] .xxx. boifoune,
unt .xx. graile, unt .xxx. hornre blafen;
unt .v. m. trompen, .vii. m. tambor flan.
al don[21] fi den Archant[22],

55. unt marine unt die dicfen talc derdonen.
fidre Adams geciten fach men nie velt,
daz fo fere det ze vorchten.
ube der nit engedinket [23]),
der fich liefs [24]) pinen [25]) in dem [26]) cruce,
60. ombe ons [27]) fundere ze behalten;
et ware beffer, daz de Criften
nie waren comen dare. —
onfer fueffe, liebe here, Jefus Criftus,
nam ir felbe ware,
65. unt gab Renwart [28]) de craft,
daz er fich verwant mit finre ftangen gar. —
de Haiden quamen mit menger [29]) fcare;
Guillam unt fin vater Aimeri [30]),
unt fine broder [31]), foechten fi dike dar. —
[Gr. Ow.].

70. **D**o quam der ftarke koninc
Margot [32]) van Bofindant;
ez enwas nit man fo vraiffeliche
bis [33]) hin in Orjent†).
van Stors [34]), van Orcaffe,
75. hielt er daz koncriche,
unt de crone van dem lande
geweldekeliche. —
boben daz apgrunde, dar de winde waffen,
dar fait men, daz Lucifer ingie.
80. uber daz conkeriche ift keine wounonge,
dane wilde tyere, ferpent unt luitoun.
Nie enwoes ain corne van forment;
van fpefie††) leven fi,
unt van rauche van piment. —
85. hie defe fite ift der groffe baume [35]),
der clubet [36]) .ii. warve in dem iare [37]),

umbe fich ze vernuwen. —
Margot was fuwarz ³⁸) gevare,
unt faz of ainre merien,
90. alf' ain cole dar,
mit wiffem ³⁹) phelel gedekt gar;
umbe m. phont hat' er's ⁴⁰) nit gegeben dar.
er droec ainen flegel van golde ⁴¹) grofs;
aine wormin bout, die droeg er an,
95. alle de wapen, die in der werlt ⁴²) fin,
die meuchten im nit gefcaden. —
Renwart, den foecht' ⁴³) er dar;
do ⁴⁴) er's ⁴⁵) nit envant,
do ward er zornoc ⁴⁶) gar.
100. er floec der Franzoifen alfe vil,
alf' im behagte, nider;
Keine ⁴⁷) moucht' im gefcaden wider. —
[Gr. Qw.].
„Deus, vater al geweldec!"
fprach Guillam dar;
105. „fal dirre ⁴⁸) tuvele iet langer leven,
er doet ons groffen fcaden!" —
daz fuwert Guillam ze baiden handen nam,
[3. Sp.] unt floeg en of den helme ⁴⁹)
mit alle der krefte,
110. die er mouchte han;
daz enfcat' im nit ain har. —
der conc Margot fprach:
„din dot ift an minen handen gar!"
finen vlegel er do nam;
115. do vlauc ⁵⁰) der grave ⁵¹) vafte hardan.
Margot rante nach Guillam dare,
alf' ain phil van aime arembrofte dar.
Guillam mouchte vor im niergen gevliegei ⁵²);

120. do Guillam vloch in fine fcare,
              [Kl. gr. Ow.].
    do quam Renwart, der hailt, dar.
    finen colben er ce baiden handen nam,
    unt floec den conc Margot of daz haupt dar,
    daz der flac in der erden wider want;
125. do was er unt merie dot[53]) al zehant. —
    Guillam fprach:
    „fo dane flege behagen mir gar;
    ic ware dot,
    hateftou mir nit geholfen hardan!
130. here Renwart, .c. genade fag' ic dir,
    dou hoes[54]) des libes gehoulfen[55]) mir!" —
    er fprach: „here Guillam,
    ir[56]) fult conliche zoe mir[57]) gan;
    ic fal al nider flan!
135. Min neve was Margot, conc riche[58])." —
    den vlegel[59]) hoeb[60]) er van der erden;
    er doucht' im ze lichte,
    do liefs er in[61]) gewarben[61 a]),
    onder de Haiden warf er in dar;
140. .ii. Turke[62]) bliben dot derobe. —
                  [Gr. Ow.].
    der Haiden[63]) quam[64]) woul .xx. m.
    umbe Guillam mit groffer not;
    fi woulten[65]) gerne flan dot.

    De Haiden daden den[66]) Criften
145. fo groffen fcaden,
    daz niemen daz can vol fagen.
    fi waren do alles dings verwonden†††) gar;
    denne Renwart,
    der quam mit fime colben dar.
150. do hiew-er aine luke;

⁶⁷) jeſſe weder ſit do lagen mans-ſtuke.
er was mit bloede beſpreinget alle ſant,
van den voes ⁶⁸) bis of die hant;
ſin colbe was auch derobe rot,
155. do lac manc Haiden dot.
[Kl. gr. Ow.].
im waren muede d'arme ont lide gar,
uz der preſſe gieng er dar;
of ſime colben raſt' er ain lucel do,
vor groſſer muede onſlief er ⁶⁹) do.
160. de Haiden waren harde vro,
ſi wanden, ſin craft hade einde genomen.
woul .xx. m. Haiden was umbe in ⁷⁰) comen;
ſi ſcoſſen ⁷¹) of in,
in .xv. ſteten wonden ⁷²) ſi in ⁷³).
165. gebenedict ⁷⁴) ſi vrowe Giuborg ⁷⁵),
die in in ⁷⁶) ir kemnoten
ſo wol gewapent hot ⁷⁷);
do mueſte Renwart
andersſin ⁷⁸) bliven dot. —
[Gr. Ow.]. ⁷⁸ ᵃ)

170. Der vreiſſeliche conc Hurepe ⁷⁹)
van Alex[4. Sp.]andre quam dar;
ainen colben van finem ſtahele
droeg er dar.
er det den Franzoiſen groſſen ſcaden.
175. ez konde niemen vor im behueten ⁸⁰) dar.
har unt dar, wa im gelouſt',
do . . . . ir ſcare.
[Kl. gr. Ow.]
do Renwart des wart geware,
er den conc an quam;

daz im die ⁸¹) hirne
viel vor de voeſſe gar.

Do ſprach Renwart:
„dou⁸²) ware min neve;
185. ic hon *dich mit* miner ſtange gruſt alſo,
do ne *wirſtou der* geſchaft numer vro!" —
„Guillam", rief er, ...
diſen vreiſſelichen conc, der . . . .
ſuln wir andre beſtan!" —
190. mit *luter ſtime* rief er do:
der ſtarke conc Desrame
iſt min vater; ic en wil nit,
daz *er mir nahen* ſi.
cumt er mir bi,
195. ic ſla'n ⁸³) *mit miner* ſtangen dot,
gelaubt er nit . . . . —
der edle marcis Guillam
ſprac do: „. . . . ſueſſe here,
ſterk' ons Renwart . . . . genaden ere!
200. blibt er hie *dot*,
wir ſin alle verwonden ⁸³ ᵃ) in dirre not!" —
[Gr. Ow.].
de Haiden ſprachen: „diz iſt der tuvel . . . .
wir ſullen vliehen, dar wir *waren er!*"
de Haiden riefen mit hoher *ſtime* gar:
205. „Desrame, here, *wir ſullen widerkeren!*
dir ſint .xv. kon*inge* derſlagen,
unt .lx. m. Heid*en*⁸³ ᵇ) unt eſkler!
dou⁸⁴) hoes⁸⁵) den ſcaden ſelbe genomen,
den dou mags dercobren.
210. ez ware beſſer, daz wir Orj*ent*
nie haten geſahen⁸⁶),
Nouch *Guillam, unt* ſinen tuvel mitem colben.

.... lichame mit yngremance⁸⁷) ....,
gein wapen mag an im d- ...."—
215. Renwart waren ſi dervart ſo *gar*.
wil en wec gevlogen alle ....
de ſo ſere geſtriten dar.
da .... -de gar.
of ſinen⁸⁸) colben
220. er *ime* velde reſten began,
wo *in de Haiden* quamen an.
ſi ſcouſſen vaſte *of in dar*. —
„ic han al ze lange gereſt!"—

Ende des II. Blattes.

---

b. Anmerkungen.

¹) An dieſem Blatte fehlt links ein Falz, ſomit ein Drittel der 1. und 4. Spalte. Meine Ergänzungen ſind durch liegende Schrift ausgezeichnet, und geben ſich nicht für unfehlbar aus.

*) Hſ. vlten, d. h. heüllten, nicht ütten, wie Suchier 11. S. bietet; das Wort kehrt unten [IV. 45. B.] wieder. — Das Blatt iſt hier durchſtochen, darum konnte Reuß Nichts herausbringen.

²) Hſ. :roſen, Schrbf.

³) So die Hſ. und Reuß, nicht benuon, wie ich einſt las, und Suchier 25. S. berichtigte; die Urſchrift bietet:
„Querés Guillaume, et Bernart, et Buevon!"
Aliscans 168. S.

⁴) Hſ. den, nach niederländiſcher Sprechweiſe.

⁵) Hſ. voel, wie noch öfters; vgl. den 153. B.

⁶) Hſ. Mit, ohne Grund.

⁷) Hſ. habtIr, wie auch bei Reuß; nicht hapt Ir, wie ich einſt drucken ließ.

**) So die Hſ. ſt. krefte, wie irrig bei Reuß.

⁸) Hſ. ſulf = ſulches; oder verſchrieben ſt. ſunſt?

⁹) So die Hſ., nicht me, wie Reuß las.

¹⁰) Auch die Urſchrift hat hier einen Abſatz; er beginnt:
„Blaus fu ll jors, et ll ſolaus luiſt clers."

¹¹) So die Hf. und meine erste Lesung; späterhin las ich „bloete baten", und ließ es leider auch drucken. Reuß: „bloede haden!"

¹²) Über diesem -s steht ein rother Strich; es ist also das Ende eines eignen Namens. Der hier bekämpfte Feind heißt Alg-lin, oder Alquin [ohne „s"].

¹³) Hf. graue.

¹⁴) Hf. der cante si, irrig; von Suchier 25. S. berichtigt und ergänzt. Die Urschrift bietet:
"Bien le connurent à ruistes cos doner,
Et au grant cors, et au fier regarder."
Aliscans 170. S.

¹⁵) Hf. flege, wie öfters.

¹⁶) So die Hf. st. Bertran, wie sonst; Reuß: bertran, als Berichtigung.

¹⁷) So die Hf. st. hier sihe; vgl. I. 72. V. Die Urschrift lautet hier:
„Diex, dist Bertrans, or vol mon desirer." das.

¹⁸) Hf. tuuele st. tuvel, wie öfters; in der Urschrift steht hier die Mehrheit:
„Li vif diable les [die Heiden] ont fait assambler."
Aliscans 171. S.

¹⁹) Hf. hoeffe, wie oben [I. 69. V.] jagffe st. jagt' si; Reuß: hiesse!

***) Zwischen der 1. und 2. Spalte, ganz oben, hat hier der Dichter sein Wappen angebracht [oder durch den Schreiber anbringen lassen]; 5 rothe Scheiben sind um eine weiße gestellt, und das Ganze ist mit einem grünen Ringe umzogen; durch ein breites grünes Band verbunden, steht darunter: ein schwarzes Kreutz im weißen Felde, umzogen von einem rothen Ringe. Der Dichter war also
1) von Adel, und gehörte
2) dem deutschen Orden an.

Ich dachte lebhaft an Ellingen, sowie an das nahe Eschenbach; aber auch an die Cisterzer-Abtei Heilsbrunn, gleichfalls nahe, und durch wissenschaftliche Thätigkeit ausgezeichnet. Weitere Nachforschungen behalt' ich mir vor. s. auch unten III 2. Anm., und IV. 28. Anm.

²⁰) Hf. hief, wie öfters.

²¹) So die Hf. st. doen.

²²) Ist die 2. Benennung unseres Schlachtfeldes, welches

sich zwischen der Statt Arles und der Meeresküste ausdehnte. Die Urschrift gewährt in den Lesarten:

„Tout font l'Archant et Allschans trambler."
Allscans 309. S.

[also Beides verschieden?]. Genaueres hierüber bei Jonkbloet II. 56. ff., und Guessard, préf. II. S. ff. —

Das Lustigste für uns ist, daß der gute Wolfram in dem altfrz. l'Archant einen „Fluß" erkannte, Namens Larkant; er sagt nämlich:

„geln dem wazzer Larkant,
von dem velde Allschans,
wart der fürste Vivians
gehurt [gestoßen] in dlu rivier."
Wilhelm 40. 20. [bei Lachmann].

Vergl. das. 41. 3., 49. 2., und 436. 15.; auch bei uns III. 68. V.

²³) So deutlich die Hs.; der Stamm „dink" ist also nicht verloren. vgl. Suchier 8. S., Grimm II. 60., 599. Nr., und Müller I. 341. — Ebenso mirken st. merken, z B.

„Nu mirket, wie he des began"; und
„Nu mirket, waz god hat gedan."
Leben des hl. Thomas, 12. und 227. V.; vgl. dazu
Off. d. Joh. 316. V.

²⁴) Hs. lleffe, s. Suchier 22. S.; ebenso oben [I. 148. V.] warfe so st. warf st.

²⁵) Hs. plne [am Ende der Zeile]; vielleicht nur der Strich auf dem „e" vergessen.

²⁶) d. h. „an dem Kreutze;" Hs. „in de cruce" — Wegen „in" vgl. den 124. u. 164. V.; „de" ist Nachlässigkeit. — vgl. auch Suchier 11. S.

²⁷) Hs. onser, Schrbf.

²⁸) Hs. „G." st. „R.", irrig; von mir übersehen, und von Suchier 25. S. berichtigt. Guillam führte keine Stange. Auch die Urschrift spricht für Rennewart; sie lautet:

„Mien enslentre, n'en peust .l. escaper,
Se Diex ne fust, et Rainouars ll ber."
Allscans 171. S.

Eine gleiche Verwechslung hatten wir oben [I. 202. V.]

²⁹) Hs. mḡ⁵, d. h. menger; sonst manger, z. B. oben [12. u. 39. V.] Ersteres ist niederländisch, z. B.:

„Menich vrefelic dier, menich worm."
Partonopeus und Melior 22. 17. [bei Maßmann].

³⁰) Der Vater Wilhelm's von Oransche; bei Wolfram lautet sein Name: „von Narbôn cuns Heimrich [Wilh. 5 16.], b. h. „Heinrich, Graf von Narbonne"; unsere Urschrift nennt ihn hier [171. S.] Almeris; früher [18. S.] fanden wir Almmeri. Das „H" ließen die Franzosen schon früh fallen, und schrieben Almrich und Almerich [Först. I 592.]. — **Amerika** ist davon benannt.

Die ältesten Formen des Namens **Heinrich** lauten

a) bei den **Alamannen**: Hamericus und Halmerichus. 733. Zeuß, Trad. wiz. 13. Nr.; und 785. Dronke, Cod. dipl. fuld. 82. Nr.;

b) bei den **Büchnern**: Heimrih. 780—803. Dronke 137. Nr.; und. Heimirih. 812. daf. 268. Nr.

Heinrich bedeutet „Dorfbeherrscher." Beitr. II. 22.

³¹) So die Hf. hier; unten [IV. 115. B.] bekommen wir broeder. — Graf Heinrich von Naribon warb durch seine Gattinn Irmenschart von Pavie Vater von 7 Söhnen; sie hießen Bernhart, Willehalm [kuns Gwillâms de Orangis, W. 3. 11], Berhtram, Arnalt, Buobe, Witschart und Kibert. Suchier, Ulrich v. d. Türlin; 18. S. — Vgl. damit Wolfram 426. S., welcher etwas abweicht.

³²) Über diesem Namen steht ein rother Strich; ebenso unten [88., 112. u. 123. B.]; vgl. oben [I. 11. Anm.].

³³) Hf. hlſ st. blz [wie unten, III. 141. B., wirklich steht], oder wenigstens st. blſſ; ebenso unten [153. B.]. Wir lassen es künftig stehen.

†) Hf. orjent, nicht orgent, wie ich einst mit Reuß las; übrigens sind die Buchstaben „Je" schwärzer und dicker, als die andern dieses Wortes, also nachgefahren. Ein abgeschabter Grund ist nicht vorhanden.

³⁴, Falsch, es gibt kein Königreich **Stors**! — Die Urschrift bietet: „Les tors d'Arcaiſe tenoit en caſement."

Alliscans 171. S.; oder

„Des tors d'Orcoiſe tenoit le chaſement."

Jonkbloet I. 372. S.; vgl. Suchier 25. S.

Unser Dichter las: de ſtors! — Übrigens lag ihm keine dieser beiden Hff. vor; der Sinn des Verses ist also: „die Thürme von Orkaſſe hilt er [hatte er inne] als Behausung." — In Orkaſſe erkenn' ich **Orgaz**, kleine Statt, mit dem Titel einer Grafschaft, in Neukastilien, 4 Meilen von Toledo.

††) Nach Reuß leben diese wilden Thiere „von Specí!" vgl. Suchier a. a. O.; ſpeſſe [altfrz. eſpiſe] heißt Spezerei.

³⁵) So die Hf. ſtatt baum, wie ſchon öfters; vgl. Suchier 22. S.
³⁶) d. h. „der ſpaltet [ſchält] ſich 2mal im Jahre, um ſich zu erneuen."
³⁷) Hf. „In de jar [am Ende der Zeile];" nachläſſig, wie ſonſt.
³⁸) So die Hf. ſt. ſwarz; ebenſo: „daz fuwert [107. B.]", und „vor ſime fuwerte [I. 10. B.]".
³⁹) Hf. „Mit willen", niederländiſch; z. B.
   „Doe ſi die mantele ombe hingen,
   van ſuartem ſabele [Zobel] die bevingen."
      Partonopeus 108. 15. [dieſe „m" bleiben hier
      künftig ſtehen].
⁴⁰) Hf. hat', ſo daß „ſi [ſie]" fehlt; Sinn: „um 1000 Pfd. hätt' er ſie [die Mähre, d. h. Stute] nicht hergegeben." Die Urſchrift lautet:
   „N'ot pas deſtrier, ains cevauce .i. jument;
   Ne le dounaſt por .M. mars d'argent."
      Aliscans 172. S.
   * Hier „le", bei Jonkbloet „la", wie auch jetzt im Franzöſiſchen; vgl. den 125. B.
⁴¹) „golde" ſteht mit ſchwärzerer Schrift auf abgeſchabtem Grunde.
⁴²) Hf. „wlᵇt" ſt. wᵒlt, d. h. werlt [Welt], Schrbf.
⁴³) Hf. „ſloeger" ſt. ſoecht' er [ſucht' er], Schrbf.; von mir überſehen, von Suchier 25. S. berichtigt; Reuß: ſoeger! — Die Urſchrift bietet:
   „Rainouart kiert, mais ne'l trueve nolent."
      Aliscans a. a. O.
⁴⁴) Hf. „dor", Schrbf., veranlaßt durch das folgende ers.
⁴⁵) Hf. „ers [am Ende der Zeile]," ſt. er es, d. h. er ſin [er beſſen, d. h. er ihn]; vgl. unten IV. 251. B.
⁴⁶) So die Hf. ſt. zornec; vgl. den 103. B. — Es iſt einfacher Umlaut, weil ein „o" vorausgeht; vgl. Suchier 22. S.
⁴⁷) So die Hf. ſt. keiner.
⁴⁸) Hf. „dire" ſt. dirre, wie unten [201. B.]; und ſchon oben [I. 36. B.].
⁴⁹) So die Hf. ſt. helm, wie vorhin [105. B.] tuvele ſt. tuvel; vgl. I. 38. Anm.
⁵⁰) So die Hf. ſt. vlauch [floh]; denn vlauc bedeutet ja flog [von vliegen], welches wir allerdings ſogleich [118. B.] bekommen; darauf auch die wahre Form, nämlich vloch [120. B.]; vgl. Suchier 7. S — Die Urſchrift lautet deutlich genug:

„Li quens le [ben Kg. Margos] fult de terre plain arpent."
Aliscans 173. S.

⁵¹) Hſ. gruaue, Schrbf.
⁵²) So die Hſ. niederrheinisch ſt. gevliehen; vgl. den 216. V. — Die Niederländer ließen des „g" und „ie" fallen; z. B.
„Die honde ſagen [ſo] den ever vllen."
Partonopers 5. 23. — Wegen ſagen vgl. Dichtungen ꝛc. xxxiii. S.
⁵³) So die Hſ, wie ich zuerſt las, und auch Reuß [vgl. den 119. u. 128. V.]; ſpäterhin las ich irrig tot, und ließ es auch drucken.
⁵⁴) Hſ. hoſldel, Schrbf.
⁵⁵) So hier die Hſ.; vorher [129. V.] geholfen!
⁵⁶) Hſ. jer, wofür ſonſt Jr oder Ir ſteht; oben [I. 68. V.] ſtand es für „er."
⁵⁷) So gewiß die Hſ. [am Ende der Zeile], nicht mit, wie ich einſt las; der Kopf des „r" iſt nur etwas verlängert, wie noch öfters; vgl. die 60. u. 69. Anm, auch den 200. V. [miralde].
⁵⁸) Hſ. concrichen, mit ſchwärzerer Tinte, von ſpäterer Hand, auf abgeſchabter Stelle, welche früher mehr Buchſtaben enthilt.
⁵⁹) Hſ. vleglel, Schrbf.
⁶⁰) Hſ. ſcheinbar hoebet [am Ende der Zeile]; ſtatt hoeb hatten wir oben [I. 161. V.] haub, und unten [III. 82. V.] folgt haup.
⁶¹) Hſ. „im", nachläſſig, wie ſonſt.
⁶¹ᵃ) Hſ. gewarben, wie oben [I. 46. V.] har wider. Suchier 9. S.
⁶²) So die Hſ., auch oben [I. 115. V.]; daſelbſt [175. V.] ain Turc, aber vorher [158. V.] ain Turke.
⁶³) Hſ. dˢ hadˢ [am Ende der Zeile, wegen Raummangels] ſt. der Halden.
⁶⁴) Hſ. quam ſt. quamen; ebenſo unten [162. V.] was comen, und noch ähnliche Fälle.
⁶⁵) Hier fehlt „in Lihn]."
⁶⁶) Hſ. de ſt. den.
†††) d. h. „überwunden, oder überwältigt"; vgl. oben 201. V., und IV. 38. V. — Ebenſo anderswo, z. V.
„er wirt ſhiere virwonden."
Salomonis hûs 84. S.
„daz ich moge virwinden mine not." daſ. 86. S.
vgl. auch oben [66. V.] verwant.
⁶⁷) Hier iſt ein Buchſtabe ausgekratzt; wir vermiſſen „an."

⁶⁸) So niederdeutsch st. „van dem voefse;" das folgende bis [in der Hf. bis] lassen wir auch stehen. vgl. die 33. Anm.

⁶⁹) Hf. „onsteffer"; das Schluſs-r sieht gleichfalls aus, wie ein „t"; vgl. die 57. Anm.

⁷⁰) Hf. „Im", wie öfters, und sogleich wieder [164. B.].

⁷¹) Hf. „sitossen". Schrbf.; unten [222 B.] folgt „sl scoussen".

⁷²) So die Hf. st. „wondeden", d. h. verwundeten sie ihn.

⁷³) Hf. wieder „Im", wie vorhin [162. B.], und schon früher.

⁷⁴) Hf. gheb...., nach niederländischer Schreibweise, wie schon oben [I. 144. B.] noeghen, und [226. B.] ghestriten. Diese „h" wurden überall getilgt, weil sie in unserer Hf. nicht regelmäßig erscheinen; ebenso in den ndl. Hff. des Partonopeus.

⁷⁵) Hf. gewiſs Gluborg [das „l" hat seinen Strich!], obgleich Gulborg [wie Reiß las] das Richtige ist; die Hf. ist übrigens hier durchstochen.

Diese arabische Fürstinn [die Tochter Deerame's, also die Schwester Rennewart's] hieß ursprünglich **Orable** [bei Wolfram **Arabel**], und war mit dem Fürsten Tiebaut [Tiebalt] vermählt. Nachmals entfloh sie mit ihrem Gefangenen, dem Gr. Wilhelm von Oransche, nach Frankreich, ließ sich taufen, und bekam nach ihrer Pathinn, der Königinn Kiburg von Arl, den Namen **Kiburg**, worauf sie Wilhelm heirathete. Genaueres bei Suchier, Ulrich v. d. Türlin, 18. S. ff. —

Was den Namen Kiburg [auch Kyburch und Gyburch] betrifft, so ist er deutsch, und lautet genauer **Wigburg** [d. h. Kampfburg]. Först. I. 1295.

⁷⁶) Dieses „In" fehlt, muß aber stehen.

⁷⁷) So die Hf. hier; sonst hoet [I. 29. B.], aber auch hat [II. 7. B.].

⁷⁸) d. h. „sonst, widrigenfalls." — Dieses ndl. Wort ist gebildet, wie unser „keineswegs"; es lautet nämlich vollständig: „anders sindes [d. h. andern Weges];" unsere Form verlor das Schluſs-s. — Die Niederländer ließen das 1. Es fallen; z. B.

„Ende hebt sorghe niewer om el,
Dan om joesten ende tornieren,
Ende anderslns ln ghere manieren."
Part. 13. 5.; vgl. „anders" [III. 76. B.].

^{78 a}) Biſs hieher konnten wir unserer Urschrift [175. S.], und dem jüngeren Texte bei Jonkbloet [1 375. S.] mit ziemlicher Sicherheit folgen; nun weichen die Texte ab. Der nächste Gegner Rennewart's heißt bei uns Hurepe [hurepé, borstig, struppig],

bei Guessard zuerst Enorré, dann nach jüngerer Handschrift Aenré; bei Jonkbloet aber steht regelmäßig Aenré. Letztere Formen drehen sich um einen Lesfehler, dessen Berichtigung wir Andern überlassen.

⁷⁹) Über diesem Namen steht auch ein rother Strich; vgl. die 32. Anm.

⁸⁰) d. h. sich hüten; vgl. I. 6. V.

⁸¹) So deutlich die Hf.; doch ebenso deutlich daz hirne [III. 118. V.].

⁸²) Hf. „do", Schrbf.; vgl. I. 42. V.

⁸³) So die Hf. st. slag' in.

⁸³ ᵃ) vgl. den 147. V.

⁸³ ᵇ) „beld-" steht mit schwärzerer Tinte, auf abgeschabtem Grunde; die Hand ist jünger, und gehört einem Ostfranken an. Ein Schwabe hätte „halden" geschrieben, wie gewöhnlich in unserer Handschrift; doch vgl. l. 84. u. 87. V.

⁸⁴) Hf. „do", Schrbf., wie oben [184. V.]; denn sogleich [209 V.] folgt das Richtige.

⁸⁵) Hf. „hoess"; vgl. oben [I. 42. V.].

⁸⁶) So die Hf. st. gesehen; ebenso oben [138. V.] gewarben st. gewerben, und unten [IV. 43. u. 202. V.] gabt u. sahen st. gebt u. sehen; vgl. Suchier 9. S. —

Die büchische Mundart hat auch „ga und la" [für geben u. leben]; ferner „gal und Mal" [für gelb u. Mehl]; endlich „drat" [für treten]; der „Salbschufs" ist nur falsche Anlehnung an Salbe.

Niederländisch ist obiges „gesahen" nicht; denn dort sagt man geslen, z. V.

„Dat nolt Partonopeus gelike
En wart geslen in erterike."
Part. 89. 24.

⁸⁷) Dieses Wort ist aus „necromantia" verdorben; die Ur-schrift lautet:

„Et le déable, qu'il nos a amené,
Qui a le cors issi enfantosmé."
Allscans 176. S.

d. h. „Rennewart hat seinen Körper durch Schwarzkunst un-verwundbar gemacht" [so sagen hier die Heiden]. Suchier 25. S.

⁸⁸) So die Hf. st. sinem; vgl. oben den 158. V., aber auch unten [IV. 261. V.].

Ende der Anmerkungen zum **II.** Blatte.

III. Blatt,

2 ganze, und 2 verstümmelte Spalten enthaltend.¹)

a. Berichtigter Text.

[1. Sp.] alle gedan.
-o unt flog er . . . .
            [Grüner Owerstrich].²)
*De*srame³), der . . . .
ecront gare.
5. _____ *d*are.
vrihen . . . . *a*ndren haiden
_____ der was so vil
___ alles sant . . . . -en.
_____ an den winde
10. _____ so manger scare
_____ usse haiden
_____ dem hailegen
_____ : *g*ot, der helfe
_____ -en sloegen⁴) mit
15. _____ -e dar.
die _____ -re zestachen
_____ zeberachen
_____ -en
die miten _____ voren jagten.
20. _____ -n baiden siten.
_____ -eten in den
_____ -ste mit scare
_____ : *d*er strit was
_____ ge*weldec*lichen

25. ____ cone Desrame
____ *brehaingnen*⁵) . . . . gar.
mit fime . . . . -en Gaudin, den . . .
vamme orfe . . . . handen do.
_____ *daz haupt* abe.
[Gr. Dw.]
30. Mit _____ verrater.
Guillam _____ -*dar*:
„dou hoes *minen* man derflagen!
_____ -e genoumen
daz wil ic *an dir* ierternu*wen*⁶).
35. daz ift zage*heit* . . . .
flagen come . . . ." —
[Gr. Dw.]

Guillam horte,
daz *Desrame* comen was⁷).
of [2. Sp.] fime goeden orfe
40. quam er da gerant.
„dou rechter leker", fprach er zehant,
„ic bin Guillam genant, foeche niuer!
daz dou minen man hoes derflagen,
daz wil ic rechen an dir⁸) fo fere;
45. ez ruwet dich umer mere!" —

Desrame mit groffim⁹) grimme —
daz fuert er*) ze baiden handen nam,
Guillam floeg er mit aller finer craft¹⁰)
of den helme¹¹) dar.
50. ftaine unt bloemen moeften vallen;
den cirkel van den¹²) helme
klaub er allemitalle. —
onfer here god mit fime goete lerte,
daz fuwert uzem flage kerte;
55. fin fcilt floeg er¹³) vor der hant abe —

onſer here god half den¹²) goeden orſe,
daz ez it ſcaden nam. —
Guillam ſprach: „dirre ſlag
eniſt nit van aime kinde gedan,
60. dou ſolt auch gelten one wan!" —
Joiouſe, ſin goet ſuert, er do nam¹⁴),
unt ſloec Desrame¹⁵), den conc riche,
dor den helme¹¹) ſo vraiſſelich,
daz daz¹⁶) ſuert dor den helme¹¹)
65. ime haupte¹⁷) woul aine paulme quam;
daz ſtuke of daz ore hangen begau. —
er had'en alles dings gecloben nider,
dane daz ſuert gienc uz dem ſlage nider,
al¹⁸) ſin geluke was;
70. douch viel¹⁹) er vame orſe dor daz.
Guillam loſt' im den helme¹¹) abe,
unt wolde Desrame daz haupt abeſlan.
do de Haiden worden des geware,
.xx. m. ranten voren mit ainre ſcare;
75. ſi holfen im of daz ors do,
er ware anders²⁰) derſlagen alſo. —
[Gr. Ow.].

An²¹) d'andre ſite quam Aimeri,
ſin vater²²),
unt der Franzoiſen ſcare.
80. Mit ir ſcarpen ſuerten
dorbrachen ſi de²³) Haiden gar;
do haup²⁴) ſich²⁵) ain vraiſſelich ſtrit gar.
der onſelgen Haiden was ſo vile,
daz ſi²⁶) niemen mouchte derſlan.
85. vil horne²⁷) unt boiſoune
blieſen de Haiden,
daz²⁸) die marine unt alle de ſcif.

unt der Archant²⁹) bibet' uberal. —
goet herce hoet er dare,
90. der imme ſtrite iſt ſtate gar.
Renwarte angſt was do alſo;
er wante, daz der³⁰) ſtrit ſolte enden. —
[Gr. Ow.].

Der conc Borel³¹) van Babilone
· quam gerant dor den ſtrit;
95. er droek ain martel³²)
van finem ſtahele in der cit;
[3. Sp.] er was gewapent
van ainer³³) luitoun-hout alſo;
geiner hande wapen
100. moucht' im gewinnen³⁴) do. —
ſine .xiiii. ſoune, die waren do,
jeſſeliche droek ainen groſſen vlegel,
ſuwar van couper dar;
ſi waren ſuarz, olſe tuvele vraiſſelich. —
105. er ſloec dot Guion³⁵) van Monforel,
Reinier van Anjou,
unt Girart van Bordel. —
of den¹²) Archant
det er van bloete groſſen vloeſs. —
110. „Guillam ſal al ſin here verlieſen,
im³⁶) helfe god mit ſime goete groſs."
[Gr. Ow.].

Renwart quam gelaufen
uz aime dicſen tal³⁷);
ſinen colben er mit baiden handen nam,
115. Borel ſloeg er hinden an.
im mouchte nit-nit³⁸) gehelfen de hout,
nouch de wapen dar.

er floeg en, daz im daz hirne
viel vor de voeſſe dar.
120. Renwart ſprach:
„nou ganc miten andren, Borel,
wir en vorchten dich³⁹) nimer!"
bi ainem baume ainen⁴⁰)
liefs er in dot. —

[Gr. Ow.].

125. De .xiiii. kinde beſtonden Renwart
hinden unt voren mit groſſer⁴¹) not.
ſi ſloegen of ſin**) iſenhoet⁴²),
daz darufs⁴³) gienc daz bluet.
daz rach er⁴⁴) ſo:
130. .v. ſloeg er⁴⁵) dot alſo,
.iiii. liefs er d'en omacht do;
d'andren vluhen⁴⁶) enwek⁴⁴) ſo. —
de Criſten jagten de Haiden;
an dem pouneis waren ſi cumfiert gare. —

[Gr. Ow.].

135. Dane ain ſuarz, vreiſſelich volc⁴⁷)
quam uz aime dieſen tale.
Renwart mit ſime colben⁴⁸)
beſton⁴⁹) ſi gare,
unt ſtrait mit in⁵⁰) ſo vraiſſelich,
140. daz ſi vlouhen al gelich
biz***) an daz gecelt, do ir here was.
of ainem phelel ſaz er dervor,
der konc Acrapars⁵¹);
er was der vreiſſelicſte man.
145. daz bloet⁵²) in dem mer' gelibert⁵³) was,
er hate d'augen, rot alſ' ain cole,
unt ain buhele of der naſen oben,

de cene fcarph, aif aime ⁵¹) worme gar;
de hout was im hart,
150. im mouchte kein wapen gewinnen ⁵⁵),
daz je wart;
d'arme waren rouch dar,
unt nagle waren im lanc voren,
unt fcarph, alf' aime lauwen ⁵⁶) gar. —
155. do er fin voulc fach vliehen gare,
er fprac: "onfelc voulc,
waſs ⁵⁷) jagt u dare?" —
fi fprachen: "daz doet ein ⁵⁸) tuvelc
mit fime colben gare;
160. unt fin ⁵⁹) umbe u comen,
daz ir ons helft dar." —
er fprach: "daz fal zehant wefen;
vor mir fal er numer ⁶⁰) genefen!" —
do daz fuarz volc daz vernam,
165 zehant ez alles wider keren began.
[4. Sp.] do hat' er grofſ- . . . . ⁶¹)
daz volc har . . . .
gieng er fi an . . . .
die andren, die vlouhen
170. A g r a p a r t ⁶²) *quam* . . . .
*ge*laufen offen . . . dar.
vor groffe . . . .
unt daz harftonier ⁶³) . . . .
raft' er fin au- . . . . dar.
[Gr. Ow.].
175. mitem . . . . zarte uz vel'
R e n w a r t greif an *fin haupt*,
wart geware . . . .
kaufen gar t . . . .
_____ an aïne fite.

der
Renwart riten⁶¹) an . . . .
die nagel fi- . . . .
daz vleife hi- . . . .
185 Renwart beiff er in . . . .
gienc zer he- . . . .
[Gr. Dw.].

wider daz u- . . . .
unt warf en . . . .
fpranc fnell- . . . .
190. zannende fo . . . .
fiten begreif . . . .
do in .iiii. enden . . . . fo,
daz im d- . . . .
Marien an . . . .
195. defen man . . . . nam,
den j- . . . . alle daz in . . . .
„Monjoie!" rief er do.
band en of f- . . . .
_____ fere flan.
[Gr. Dw.].

200. D_____ gerant,⁶⁵)
unt _____ van ifen a-
man ain d- . . . . kein,
er h- _____ Guinemant⁶⁶),
vater ang- . . . .
205. *Mah*on unt Terv*agant*
dich nit verb- . . . .

Ende des III. Blattes.

Anhang zum III. Blatte.

Wegen zu großer Verstümmelung der 1. u. 4. Spalte dieses Blattes läßt sich der Übergang vom 3. zum 4. Blatte schwer darstellen; überdies liegt uns hier bei Guessard nicht der älteste Text vor [die Hs. des Zeüghauses hat hier eine große Lücke], sondern ein jüngerer, doch noch dem 13. Jh. angehöriger Text. Um nun für unsere freund= lichen Leser doch Etwas zu thun, wollen wir hier anfügen, was sich bei Guessard 184. S. findet; es lautet so [6113. V. ff.]:[67]

 A l'estandart sonent li olifant.
 François escrient: „Monjoie la vaillant!"
 Et Sarrasin: „Mahon et Tervagant!"
 De tel bataille n'iert mès nus, qui vos chant. —
5. A tant ez vos Crucados apoignant,
 .I. Sarrasins; molt ert de bel semblant . . . .
 Tint une mace, moult merveilleuse et grant,
 De nostre gent aloit trop damagant.
 Mès Renoars li corut au devant.
10. „Estez, vassal", dist il, „n'irez avant;
 „Quar me rendrez*) cele mace pesant!
 „C'est le tréu, que je gart de l'Archant." —
 Dist Crucados: „ribaut, alez avant;
 „Garçon me sembles, qui en fours va jesant.
15. „Fui toi de ci, ne me va ramponant;
 „Ja te dorré el visage devant!" —

---

*) l. rendez.

---

b. Anmerkungen.

¹) An diesem Blatte fehlen links zwei Falze, somit zwei Drittel der 1. und 4. Spalte. — Den Inhalt der Erzählung s. bei Guessard [177. S.], und bei Jonkbloet [I. 377. S.].

²) Neben diesem Querstriche rechts, also zwischen der 1. und 2. Spalte, ist wieder das Wappen unseres Dichters angebracht; doch ist nur das obere Blatt rund, die 4 untern sind mehr herz= förmig. Das Ganze stellt also wohl eine Rose vor, und das Edel= geschlecht hieß demnach Rosenbach, =berg, =burg, =feld, =stein, =thal; letzteres heißt niederländisch =bael, und ein Lustschloß, Namens

Rosenbael, befindet sich in der Herrschaft Breda, im vormals holländischen Brabant.

³) Über diesem Namen steht ein rother Strich, wie schon früher; auch unten [25. V.], und über Gaudin [27. V.].

⁴) d. h. „schlugen"; oder floegen [schlug ihn]? — Oben [2. V.] hatten wir flog [ohne „e"].

⁵) vgl. Suchier 25. S.; auch Allscans 177. S.

⁶) d. h. „Das will ich an dir erneßen [wiederholen]."

⁷) Hs. walf [ganz nach der Aussprache].

⁸) Hs. dire, Schrbf., veranlaßt durch das folgende „sere."

⁹) So die Hs. st. grozem.

*) Dieses überflüssige „er" hatten wir schon oben [I. 104. V.]; unten [IV. 190. V.] ist es in der Hs. weggeschabt.

¹⁰) Die Worte: „mit aller sin craft" stehen mit schwärzerer Tinte, von späterer Hand, auf abgeschabtem Grunde.

¹¹) So die Hs. st. „helm", wie schon öfters; vgl. Suchier 22. S.

¹²) So die Hs. st. dem, wie auch schon öfters; vgl. das. 12. S.

¹³) Hier fehlt „im lihm", nämlich dem Guillam.

¹⁴) Hs. nam [am Ende der Zeile], d. h. namen; Schrbf.

¹⁵) Über diesem Namen steht ein rother Strich, wie öfters; auch unten [72. V.].

¹⁶) Hs. „de" st. „dc" = daz; Schrbf.; — s. I. 26. V.

¹⁷) Hs. scheinbar hanpte, wie unten [IV. 228. V.] scheinbar naue st. naue [d. h. nave = neve].

¹⁸) Hs. „alsin" [am Ende der Zeile] st. als' sin, d. h. „wie sein Glück war."

¹⁹) Hs. „vller", Schrbf.

²⁰) d. h. „sonst, widrigenfalls;" die volle Form hatten wir eben [A. 169 V.].

²¹) Hs. „Aan", Schrbf.; das „A" ist roth, wie alle Anfangs-Buchstaben der Abschnitte.

²²) nämlich Guillam's; s. oben [II. 68. V.].

²³) Hs. „der", Schrbf.; ebenso oben [I. 104. V.].

²⁴) So die Hs. st. „hoeb"; s. oben [II. 136. V.]; schon früher hatten wir haub [I. 161. V.]. Suchier 7. S.

²⁵) Hs. „fi"; vgl. oben [I. 73. V.]; um die Gähnung zu verhüten, setzt' ich hier sich.

²⁶) „si" fehlt in der Hs. [Anfang der Zeile].

²⁷) So hier die Hs.; oben [II. 51. V.] hatten wir „hornre," und unten [IV. 203. V.] folgt die neue Form horner.

²⁸) Hs. „daz de die", d. h. „de" durch nachfolgendes „die"

²⁹) d. h. das Schlachtfeld; f. oben [II. 53. V.], vgl. auch hier den 108. V.

³⁰) Hf. „de", Schrbf.; oben [81. V.] umgekehrt „der" für „de."

³¹) Über diesem Namen steht ein rother Strich.

³²) Hf. ganz deutlich „marcel", was falsch ist; schon in der Vorlage waren also die „e" und „t" schwer zu schreiben; [vgl. IV. 135. Anm.]. Die Urschrift lautet:

„Borrels, lor pere, portolt .l. grant martel
De fin acier, bien ovré à neel."
Allscans 180. S.

Martel [jetzt marteau] heißt der „Hammer", hier zunächst „Streithammer"; der Großvater Kaiser Karl's d. Gr., Karlus Martellus [† 741], war nach einem solchen Hammer benannt.

³³) Hf. „ainem," falsch; denn hout ist immer weiblich. s. unten [116. u. 149. V.]

³⁴) d. h. „keinerlei Waffe konnt' ihm Etwas anhaben"; vgl. den 150. V.

³⁵) Über diesem Namen steht ein grüner Strich.

³⁶) Hf. „Jn" st. „Im"; doch sogleich [116. V.] folgt in der Hf. „jm." — Übrigens fehlt hier „en".

³⁷) So die Hf. st. tale, wie unten [136. V.].

³⁸) Hf. „olt Nit"; letzteres wollt' ich einst streichen, jetzt laß' ich es stehen, und erkenne in nit-nit das hochdeutsche nihtesniht, d. h. gar nicht, oder auch Nichts. — vgl. Denkm. 62. S., 34. V.

³⁹) Hf. „dir st. dich", wie Ähnliches schon öfter.

⁴⁰) d. h. allein; das Wort fehlt bei Neuß. — Ebenso:
„do liezen si in ligen einen."
Warnung 2999. V. [Haupt 1. 520.].

⁴¹) Hf. grosse, Schrbf.

**) Hf. sin st. sinen; ebenso hier 55. V., sodann oben [II. 68. V.], und unten [IV. 145. V.]. — Suchier 12. S.

⁴²) Hf. ysenhoet, wie unten [IV. 67. V.].

⁴³) Hf. daru ſ, Schrbf.; nicht daru ſ, wie man Hrn. Suchier 7. S. druckte.

⁴⁴) Hier ist al- weggeschabt.

⁴⁵) Hf. foleger, Schrbf.

⁴⁶) So hier die Hf.; unten [140. u. 169. V.] folgt vlouben.

⁴⁷) So die Hf. hier, und auch oben [I. 40. u. 42. V.]; unten [155. u. 156. V.] steht voulc, und weiter unten [164. u. 167. V.] wieder volc!

⁴⁸) colben fehlt in der Hf.

⁴⁹) So die Hs. st. hestont, wie I. 57. B.
⁵⁰) Hs. 1m, Nachläſſigkeit.
***) So mit Recht die Hs.; ſonst überall hlf. — vgl. oben II. 33. Anm.
⁵¹) Rother Strich über dieſem Namen.
⁵²) Hs. „bl" ft. bloet, Nachläſſigkeit; vgl. Suchier 26. S.
⁵³) f. I. 79. B.
⁵⁴) Hs. alne, Schrbf.; denn sogleich [154. B.] folgt das Richtige; vgl. IV. 138. B
⁵⁵) Hs. gewinen; vgl. den 100. B.
⁵⁶) Hs. zuerst lairen, dann ein „u" übergeschrieben; d. h. man soll lauwen [Löwen] leſen. Reuß gewährt latren! — vgl. IV. 172. B.
⁵⁷) Hs. was ft. waz.
⁵⁸) „eln" ist mit kleineren Buchstaben übergeschrieben; gleiche Hand und Tinte.
⁵⁹) Hier ist „wir" zu ergänzen.
⁶⁰) Hs. Numˢ, ohne Grund.
⁶¹) Dieſe 4. Spalte, wie die 1, jämmerlich verstümmelt, enthält die Kämpfe Rennewart's mit Agrapars [Schluß], und mit Krutabos [Anfang]; ſie stehen vollständig bei Gueſſard 188. S. ff., und bei Jonkbloet II. 281. S. ff. Schon dieſe wenigen Reſte zeigen, wie wüthend die Kämpfe waren; vgl. Suchier 17. S.
⁶²) So die Hs. hier, und in den beiden Urschriften; oben [143. B.] hatten wir Acrapars. — Auch hier steht ein rother Strich über dem Namen.
⁶³) So die Hs. hier, und auch unten [IV. 68. B.]; sonst „harſenier, härſenier und herſenier". ſ. WB. von Müller I. 637. Es war eine Kopfbedeckung unter dem Helme; das Wort ist fremden Ursprunges.
⁶⁴) Hs. Riten, ohne sichtlichen Grund; das „R" hat den Abkürzungsstrich.
⁶⁵) Hier beginnt der Kampf mit **Krukabos**, oder Krutabos, wie er bei Jonkbloet II. 282. heißt; vgl. Suchier 17. S.
⁶⁶) Über dieſen, sonst nicht weiter bekannten Ritter vgl. Suchier 26. S.
⁶⁷) Vergleich auch den stark verjüngten, überdies ziemlich abweichenden Text bei Jonkbloet a. a. O. — Mit Recht tadelt es Suchier 17. S., daß er denselben zwischen die Lesarten stellte.

Ende der Anmerkungen zum **III.** Blatte.

IV. Blatt,
4 ganze Spalten enthaltend.

a. Berichtigter Text.

[1. Sp.] . . . nouch¹) hute alle sterven!" —
Renwart lief vor in²),
unt sprach³) in an:
„stant stille, ic bin Guillams man;
5. ic wil auch dinen colben han!" —
der Haiden sprach:
„ribalt, ganc of hoeher gar;
doe ir' ons⁴) nit,
ic sal dir ind' ansichte slan!" —
10. Renwart sprach:
„ic wil auch also!" —
den ersten, den sloeg er do⁵)
den Haiden of den halleme⁶) dar,
daz er zestaup bis⁷) in den satel gare.
15. des Haiden colben⁸) nam er do;
er doucht' im ze lichte,
unt waif en in den storme⁹) so.
         [Kleiner grüner Qwerstrich].
uf .v. Haiden er do quam,
der en quam lebendinc¹⁰)
20. numer dekein van dan. —
er sait', in¹¹) sculten de Haiden,
doz¹²) er ze voesse gienge also.
of daz ors sprang er do
so¹³) suindechelichen dare,

25. daz im der after har ¹⁴) vore quam,
do im daz haupt foult' fin.
daz ors nam er miten ¹⁵) fterce ¹⁶),
unt rante vafte hin;
er en conde fich nit onthaben do.
30. in der groften pine
omfiel im fin colbe;
daz was auch fin ongewin!
in aine quatage ¹⁷) phuce ¹⁸)
viel er vame orfe hin.
35. er gienc wider ¹⁹),
unt foechte finen ²⁰) colben do,
unt fprach: „vind' i'n nit,
fo ift Guillam verwonden ²¹) gar." —
Groffen ²²) jamer treip er dar.
        [Gr. Ow.].
40. do fach er, war ain Haiden
in ²³) nah im fleifte gar.
Renwart fprach:
„gabt ²⁴) mir den colben wider!"
van groffen ²⁵) zorne
45. ulte ²⁶) der Haiden wider. —
        [Gr. Ow.]. ²⁷)

Der conc Walegrape ²⁸)
was der groefte man ain,
den ²⁹) men in .l. conkrichen ³⁰)
mouchte vinden ³¹) dekain;
50. er was betalle fuarz gar,
crufelecht was fin har;
.vx. voeffe hat' er
an der lenge gar.
aine cappe hat' er an,
55. kein wapen moucht' im nit gefcaden.

in fin handen³²) hat' er ainen crauwel,
mit keten beflagen,
woul .l. man had' er
dermite derflagen.
60. er was congs Desrame foune,
der altefte, den er mouchte haben.
Renwart woulte finen colben haben.
[Kl. gr. Ow.].
Walegrape fprach: „fnic,
ic³³) hon dir en zehant derflagen!" —
65. „ir liegt³⁴) vulichen do³⁵)!" —
Walegrape floec dar miten³⁶) crauwel do
Renwart of den ifenhoet,
daz er im zefcurte daz harftonier³⁷),
unt den halsberg goet.
70. uz dem flage er ontweich,
den crauwel [2. Sp.] er
miter hant begreif;
fo fuindecheliche zukt' er en zoe z'im,
daz er zebrach .v. craphelin.
[Kl. gr. Ow.]
75. Walegrape zukte den crauwel
fo fere zo im³⁸),
daz Renwart woul .iiii. ftont
uberwarf vor im³⁹),
unt of de knie quam.
80. douch woult' er den craphen
van finre hant nit lan.
Renwart fpranc of zehant,
unt fprach: „ube ic diz⁴⁰) nit enriche,
fo bin ic gefcant!" —
85. Walegrape ftiefs fo fuindechelichen⁴¹)
of in⁴²) dare,
daz der crauwel bauc⁴³)

onder in baiden dar.
Walegrape fprach:
90. „bricht dirre⁴⁴) crauwel,
do⁴⁵) foultfte mir doen gewin⁴⁶)!
nim dinen colben,
unt ganc z'allen onfelden hin⁴⁷),
fo wil ic ie vil goede fecherhede han!" —
95. der Haiden clopte an fin cene do;
do ne had' er nit gelogen
umbe ain lant.⁴⁸)
Renwart nam finen colben
in de⁴⁹) hant. —

[Brauner Qwerftrich].

100. Der conc Walegrape fprach in an:
„here cnappe, wie ift uwer name?"
Renwart fprach:
„ic fal u fagen de warheit⁵⁰);
min vater ift der ftarke conc Desrames⁵¹),
105. unt ift min oehem Diebaus,
der fcone gewapent;
unt ift min broeder Clariaus, der groffe,
unt Ganbus, unt Percegues⁵²), unt Malaties,
unt Maulars, unt Maulaerz,
110. unt Bruiens, Bornus unt Batres,
unt Claudubais, unt der konc Tenebres,
unt Morgans, der vraiffelich,
unt Walegrape ift der altefte, dunkt mich." —
Walegrape fprac:
115. „fo biftou min broeder,
comt har zoe mir!
min hoge geflechte⁵³)
dervrauwe fich van dir!" —

120. „ic enwil u ⁵⁴) weder ⁵⁵) cuſſen,
nouch heilſen dar;
der tuvele neme uwer ware!" —
Walegrape fprach:
„Renwart, ne ſotte nit ⁵⁶),
125. gelaube in Mahom,
unt com in goeden wek!
din ⁵⁷) groſſe geſlagte ⁵⁸)
ſal haben groſſe bliſcepe ⁵⁹);
ic ſal dir geben Loqiferne unt Candoie ⁶⁰),
130. de hoge touren,
die of dem ⁶¹) mer der ⁶²) luchten ⁶³)." —

    [Kl. gr. Dw.].

Renwart fprac:
„huet' dich ⁶⁴) vorbaz vor dem ⁶⁵) colben min!
vil gerne ic fluege daz haupt ⁶⁶) din." —
135. Walegrape fprach:
„of dou woul dades,
ic ſoult' ⁶⁷) mich wondern.
an ⁶⁸) aime ⁶⁹) wibe van bliſcebe ⁷⁰)
biſtou gewonnen ⁷¹)!" —
140. Renwart derzorn ⁷²), ſich ſere do;
ſi ieſchen ain andre ſo.

    [Kl. gr. Dw.]

Walegrape ſloegen ⁷³) alreſt ⁷⁴)
[3. Sp.] Renwart of den iſenhoet ⁷⁵).
der crauwel, der gienc abe,
145. unt raifs im ſin halsberc ⁷⁶)
bis ⁷⁷) of den broecgurtel dare ⁷⁸).

    [Gr. Dw].

·Renwart fprach:
„ic bin g'unert, ub' ic nit gelte dir!"
miter ſtanken ⁷⁹) ſloeg er wider;

den crauwel warf er vor fich dar.
.iii. craphen floeg er⁸⁰) abe;
[Gr. Qw.].

die ftangen er aber nam,
unt floec of den crauwel dar,
155. daz er bauc⁸¹) gare;
in⁸²) wonderte⁸³) fere,
daz er nit gebrouchen was. —
Walegrape rief in haideniffe⁸⁴) do:
„arribr, arribr, bi Mahomet, helft fo!" —
160. .c. Turke quamen dar,
die gereit waren, alle ze flahen.
[Gr. Qw.].

Do hade Renwart fo groffen pin,
daz er viel of de knie fin.
er fprach: „hailege vrowe
165. fente⁸⁵) Marie, helft mir!
wird' ic hie derflagen,
Guillam moefs⁸⁶) umber
haben den fcaden!" —
fiure bloeden ritre
170. im vil ze helfen quam.
do fprang er of alf' ain hailt goet,
er gewan ains lauwen⁸⁷) moet,
unt floec Walegrape's crauwel,
daz er zebrach.
[Gr. Qw.]
175. den colben er do
mit baiden handen nam⁸⁸),
unt floec finen broeder Walegrape
of den helme⁸⁹),
daz der colbe and' erde wider want;

In Alexans⁹⁰) was der ſtrit groſs⁹¹);
des dags det Renwart mengen⁹²) doden⁹³)
mit ſime colben⁹⁴), *der was* mit iſer gebonden.
de Haiden vlouhen hinden unt after⁹⁵);
185. denoch was der Haiden ſo vil,
daz ſi de Franzoiſen deden
aine bogenſcuce vliehen hinder ſich. —
[Gr. Ow.].

Der conk Sinagon⁹⁶)
dorch ainen diken nebel
190. quam⁹⁷) geriten dar;
alle die van⁹⁸) Palerne
waren in ſinre ſcare.
of aime ſnellen orſ er geſaſs⁹⁹);
er ſtach Bertran dor den ſcilt
195. unt den halsberg dare
in die ſiten aine groſſe¹⁰⁰) wonden gar.
der ſtach Sinagon wider dar,
unt zeclaub im¹⁰¹) daz antelice gare;
ſi haten baide do gerne geſtriten ſere.
200. der ſtaup unt der nebel was ſo dike,
daz ſi aine andre
nit mouchten*) ſahen¹⁰²) mere. —

De Haiden blieſen ir horner¹⁰³) dar,
dor ze troſten¹⁰⁴) ir here.
205. do quamen die van uber mer
miten¹⁰⁵) van Spanie [4. Sp.] zoe gedrongen,
die¹⁰⁶) alten¹⁰⁷) vaſte miten jongen,
alle, die do ſtriten ſolten. —
here Guillam quam mit ſinen holten
210. gegen im¹⁰⁸) mit groſſen¹⁰⁹) vliſſe¹¹⁰).

bliken[111]), unt van cendal.
ſi quamen al zemale
in die pereſſen[112]) van baiden ſiten,
215. al die do woulten ſtriten
dorch iren god, unt dorch *ir*[113]) ere. —

Desrame ſprach:
„nou, cieren heilde dare,
in diſen[114]) pounais gewinne[115]) wir
220. onſeren willen gare.
die Criſten ſint moede dare;
ſi ne meugen ons[116]) nimer geſcaden." —
[Gr. Qw.].
Baudin[117]) ſprac:
„here, ir en ſult nit vareniſſe hon;
225. vind' ic jenen miten colbe[118]),
ic han in[119]) zehant derſlagen." —
Desrame[120]) ſprach:
„nave[121]), ic weifs[122]) woul,
daz ir ſit ſtarc' gar;
230. ir[123]) hat in camph'[124])
.xv. conge verwonden[125]) dare. —
dirre cnappen[126]) iſt ſo vraiſſelich;
hat ir[127]) ainen alſo groſſen colben, alſ'er,
ir meucht en woul *doen* gelich[128])." —
235. er ſprach: „here[129]), den ſal ich haben!" —
.1. Turke ſant' er umbe ainen[130])
groſſen baum dan;
nach ſinen[131]) willen hacht'[132]) er in dare,
pi[133]) der hant bewand er'n[134]) mit waſſe dar[135]),
240. daz er'n hielte deſte baz. —
Baudus .xv. voeſſe lanc was;
er was der aller ſtarkeſte man ain,

waſtc dekeine [138]).
245. er ſprac: „Desrame,
bit min hie an deſen [139]) ſtandart [140]),
ic wil Renwart dot ſlan
an dirre [141]) vart." —
nach im gieng er dare,
250. dor alle den ſtrit ſoecht' er in dar.
do er's [142]) nit en vant;
vor zorne ſloeg er der Criſten alſo vile,
ane maſſe unt ane zile.
daz bloet geweldechelichen [143]) vloſs;
255. er det en [144]) do mange pine groſs. —
do de Haiden worden des geware,
ſi dercoberten ſich [145]) gare,
unt ſlogen onſer volc har unt dar. —
[Gr. Ow.].

Woul .ii. bogenſcuce [146])
260. gienc Renwart uzem [147]) ſcare,
of ſinen [148]) colben raſt' er dare;
do ſah er . . . .

Ende des IV. und letzten Blattes.

---

b. Anmerkungen.

¹) Hſ. „Nouch [mit N]," und doch ſteht das Wort mitten im Satze! — Dieſe Zeile iſt offenbar der Schluſs der Rede des Krulabos.

²) Hſ. im, wie ſchon oft, und ſogleich [21. B.] wieder.

³) Hſ. ſprahc, wie auch ſonſt öfters; z. B. inpune, ana kirihs Beitr. xxl. S. b.

⁴) Hſ. „doelrouf | nit," verſchrieben ſt. do irr' ons nit, b. h. „da irr' uns nicht!" — „Fui tol de ci!" lautet die Urſchrift; ſ. den Anhang zum III. Blatte.

⁵) So die Hf., für einen Hochdeütschen nicht sehr deütlich! — Klarer ist hier die Urschrift [Aliscans 184. S.]:

  Dist Renoars: „Et je mielz ne demant;
  Mès tant i a, qne te ferrai avant!" d. h.
  Rennewart sprach: „Und ich verlange nicht besser [nichts Besseres];
  aber dergestalt, daß ich dich zuerst schlagen werde."

Vielleicht hieß der Vers ursprünglich so:
  „Ten ersten den [denne] sloeg er do
  den Haiden" u. s. w.; d. h.
  „Zum ersten [zuerst] also schlug er da den Heiden" ꝛc.

Der Schwabe verstand öfters den Plattdeütschen nicht!

⁶) So die Hf. st. helme, oder vielmehr helm, wie schon öfters; vgl. Suchier 11. S.

⁷) Hf. bis st. biz, wie oben [III. 141. B.]; vgl. II. 33. Anm.

⁸) Hf. colbe, nachläßig, wie oft genug; vgl. I. 2. u. 19. B.

⁹) So die Hf. st. storm; diese angeflickten „e" sollen nur den Vers ausfüllen; vgl. oben [13. B.] halleme.

¹⁰) So die Hf.; vgl. I. 167. B.

¹¹) Hf. im, wie oben [2. B.].

¹²) So die Hf. st. daz; vgl. Suchier 9. S.

¹³) Hf. zuerst su, dann die beiden u-Striche oben verbunden [dieselbe Tinte]; darum las Reuß sa, es muß aber so heißen; vgl. oben [I. 101. B.] so vreisselich.

¹⁴) So die Hf. st. her, wie schon oben [I. 46. B.]; vgl. Suchier 9. S.

¹⁵) So die Hf. st. mitem, wie oben [I. 179. B., u. II. 17. B.]; vgl. Suchier 12. S.

¹⁶) So gewiß die Hf.; vgl. oben [I. 205. B.] herce. — Reuß las sterte, was die ndl. Form ist. — Die Bachstelze heißt in Buchen „das Beinsterzchen"; vgl. Ulricus Beinsterze, Zeüge in einer Urkunde vom J. 1232. Jäger, Frankenland, III. 368. S.

¹⁷) Hf. quatatage, Schrbf.; sollte heißen quatege [d. h. lothige, nämlich Pfütze].

¹⁸) Die Hf. bietet aus Unachtsamkeit ganz deütlich „puche", was Nichts heißt; auch putze wäre nur halb richtig, wie Suchier 26. S. mit Recht andeütet. Nur phuce konnte unser Dichter schreiben [vgl. phil, phont; — antelice]. —

Das hd. phuzze [vom lat. puteus] bedeütet ursprünglich der Brunnen; hier aber schon bestimmt die Pfütze [in Ostfranken Pfültsche, in Buchen Pötsch]; die Urschrift lautet:

„Et li chevaus le [ben Rennewart] trait par la poudriere;
Onc ne fina fi qu'à une riviere,
Iluec leſſa Renoart en l'ortiere."
Aliscans 186. S. [jetzt ordure].

¹⁹) Hſ. wieds, Schrbf.; vgl. I. 30. Anm., und Suchier 9. S. Das Richtige folgt ſogleich [43. u. 45. V.].

²⁰) Hſ. ſine, wie ſchon oft.

²¹) d. h. „überwunden, oder beſiegt;" ſ. oben II. 147. u. 201. V. — Die Urſchrift lautet:
„Sainte Marie," dift il, „où eft mes fuz?
Si je le perc [ſ. pert], Guillaumes eft vaincuz." daſ.

²²) Hſ. Groſſe, wie oft.

²³) Dieſes „in [d. h. ihn, nämlich den Kolben]" fehlt in der Hſ.

²⁴) So die Hſ. ſt. gebt; vgl. I. 41. u. 99. Anm.; ferner II. 86. Anm.; dazu Suchier 9. S.

²⁵) So die Hſ. ſt. groſſem, wie oft; ſ. II. 39. Anm. [iſt niederländiſch].

²⁶) d. h. „heülte, oder brüllte;" ſ. II. 3. V., dazu die Anm. Vergl. das lat. ululare [heülen], und ulula [das Käuzchen], dann das griech. ολολυζειν [laut aufſchreien]; aber auch das deütſche uwila [die Eüle]. Die ältere Form für „heülen" lautet „hiulen", die jüngere „hülen."

²⁷) Hier ſollte der „grüne Dwerſtrich" ſtehen; er ſteht aber unter den nächſten 3 Wörtern, weil der „rothe Strich" hinderte [ſ. die folg. Anm.].

²⁸) Über dieſem Namen ſteht wieder ein rother Strich; ebenſo unten [63. V.], und noch öfters. ſ. I. 11. Anm. — Walegrape ſteht ſt. Malegrape, d. h. „böſe Klaue." Suchier 18. S.

Am linken Rande dieſes Blattes, unmittelbar neben dem rothen „D", ſteht hier wieder das Wappen unſeres Dichters; es ſind, wie zuerſt, 5 rothe Scheiben, um eine weiße geſtellt; darüber und darunter eine blaue Verzierung, und ganz unten ein rother Adler, linkshin blickend. ſ. oben II. 49. V., dazu die Anm., und III. 2. Anm.

²⁹) Deütlich den in der Hſ.; man erwartet der; doch vgl. den 243. V.

³⁰) Hſ. conkriche [am Ende der Zeile]; es iſt aber noch Raum für das „m" übrig, alſo deſſen Weglaſſung abſichtlich; vgl. Suchier 13. S.

³¹) Hſ. winden, Schrbf.; ebenſo wan [191. V.]; umgekehrt

³²) handen fehlt in der Hf., wegen des folgenden ha ter; also Unachtsamkeit!

³³) Hf. jn, wegen des folgenden hon; also wieder Unachtsamkeit!

³⁴) Hf. anfangs negt, dann der 1. Strich des „n" in ein dickes „l" verändert; dieselbe Tinte, und das nunmehrige „l" ohne Strich; vgl. den 96. V.

³⁵) Dieses am Anfange der Zeile stehende, und den Vers schließende kleine Wort ist jetzt fast ganz weggeschabt; meine frühere Lesung war nicht sicher; vgl. den 66. u. 95. V. — Der Nachbesserer tilgte hier das „do", weil es den folgenden Vers gleichfalls schließt.

³⁶) Hf. abermals mlten st. mltem; vgl. die 15. Anm. — Unten [225. V.] folgt der doppelte Fehler „mlten colbe.

³⁷) Sieh oben III. 63. Anm.; Reuß las hier harfconier, ohne Grund.

³⁸) So die Hf. hier [am Ende der Zeile, wegen Raummangels]; oben [73. V.] vollständig.

³⁹) d. h. „daß sich Rennewart wohl 4mal überschlug vor ihm." s. WB. v. Müller II. 2. 712.; ferner:
„Da ubirwarf ſich Afprian,
Der was der riefen fpileman."
Kg. Ruother 2161. V. [Maßmann].

⁴⁰) So die Hf. und Reuß, nicht d a z, wie ich anfangs las, und drucken ließ.

⁴¹) Hf. bloß fuln- [am Ende der Zeile]; das übrige vergessen! — vgl. den 24. V.

⁴²) Hf. im, wie schon oft.

⁴³) d. h. ſich bog; vgl. I. 8. u. 58. Anm.; dann unten den 155. V.

⁴⁴) Hf. zuerst „hrich tirre", dann das „t" in „d" verändert [dieselbe Tinte]; es muß aber heißen: „bricht dirre [bricht dieser Hacken]."

⁴⁵) Hf. dou [du], Schrbf, veranlasst durch das sogleich folgende „ou".

⁴⁶) Hf. geuwln, Schrbf.; ebenso unten [139. V.] geuwonen.

⁴⁷) Wir sagen jetzt: „geh zum Teuffel!"

⁴⁸) vgl. oben den 65. V.

⁴⁹) Hf. der, Schrbf.

⁵⁰) „de warheit" steht in der Hf. mit schwärzerer Tinte, von späterer Hand, auf abgeschabter Stelle; vgl. oben III. 10. Anm.

⁵¹) So die Hf. [am Ende der Zeile]; es ist ein großes Eſe

[S]! — Die altfrz. Urschrift bietet regelmäßig Desramé, doch auch Desramés und Desramez [Aliscans 160. u. 192. S.]; Letzteres des Reimes wegen.

⁵²) Hf. pceguef [das „p" unten durchstrichen], also Percegues aufzulösen, nicht Procegues, wie ich einst that; Reuß kümmerte sich nicht um den Querstrich. Suchier 26. S.
Die Urschrift hat Perceguez [auch des Reimes wegen]. Aliscans 192. S.; Jonkbloet II. 289. S.

⁵³) So mit Recht die Hf., und schon oben [I. 139. V.]; unten [127. V.] folgt gesagte.

⁵⁴) Hf. „v" st. „uch", wie oben [I. 14. V.].

⁵⁵) Hf. wdˢ st. wedˢ [d. h. weder], Schrbf.

⁵⁶) Das ist ja wörtlich unser: „mach' keine Dummheiten!" vgl. Suchier 26. S. —
Die Urschrift bietet:
 Dist Valegrapes: „Renoars, ne folole;
 Quar crol Mahon, sl entre en bonne vole!"
 Aliscans 193. S.

⁵⁷) Hf. tln [am Anfange der Zeile] st. dln, Schrbf.

⁵⁸) So die Hf. hier; s. die 53. Anm.

⁵⁹) So hier die Hf.; unten [138. V.] bekommen wir blisc ebe [d. h. Freude, oder froher Muth].
Dieses niederdeutsche Wort lautet ursprünglich bliscap, z. V.
 „Parthonopeus was al daer
 Met groter bliscap wel een jaer."
 Part. 7. 3.; hochdeutsch blideschaft. s. WB. v. Müller I. 209.

⁶⁰) Die Hf. des Zeughauses zu Paris [185. Nr. d. schön. Wiss., Pghf. d. 13. Jh. in 12, 273 Bll.] enthält unmittelbar nach der „Schlacht von Alischanz", ohne Absatz und farbigen Anfangs-Buchstaben [118. — 166. Bl.]:
 „la chanson de Loquiferne"; der Schluß fehlt aber.
Die Hf. zu Boulogne am Meere [Cod. scl. Bertini 192., Pghf. vom J. 1295 in Folio, 334 Bll.] enthält das Leben „Wilhelm's von Oransche" in 11 [14?] großen Abtheilungen [branches]; darunter:
 „8. Loquiferne, ou la bataille Loquifer [142. —
 158. Bl.]," auch nach der „Schlacht von Alischanz";
 sodann
 „10. Foulques de Candie [207. — 301. Bl.]."
 Vergl. meinen Rennewart [nabb. Bruchst.], 127. S.

⁶¹) Hf. de mer, Schrbf.; das „m" ist ein Schluſs-Emm, deſſen 3. Strich allemal verlängert, uub rückwärts gekrümmt iſt. Hier liegt uns alſo nur „dem er" vor, nach gewohnter Unachtſamkeit.

⁶²) So die Hf. ſt. dIr [am Ende der Zeile, und ohne Bindſtrich]; es gehört alſo nicht zu lucht [am Anf. d. Z.], wie ich einſt glaubte. — der iſt ſchwäbiſche Pöbelform; „mir und dir" lauten auch in Buchen immer „mer und ber," wenn ſie unbetont ſind; vgl. oben ſe und en ſt. ſi und in [I. 46. u. 123. B.], und noch oft.

⁶³) Hf. lucht ſt. luchten; unachtſam!

⁶⁴) Hf. huet ich, falſche Lautkürzung.

⁶⁵) Hf. den; ebenſo III. 51., 56. u. 108. B.; ja ſelbſt de hatten wir ſt. dem [II. 59. u. 86. B.]. Erſteres gehört den Niederländern; Letzteres iſt offenbare Nachläſſigkeit.

⁶⁶) Hf. nur hau- [am Ende der Zeile]; „pt" iſt weggeſchnitten. Das „u" zeigt übrigens ſchwärzere Tinte; alſo nachgefahren. vgl. II. 123. B., u. III. 65. B.; auch hier den 26. B.

⁶⁷) So iſt zu leſen ſt. ſond, wie ich einſt drucken ließ; die Hf. bietet ſoud, Les- oder Schreibfehler des ſchwäbiſchen Abſchreibers [oder Hörfehler?]; vgl. den 26. u. 91. B. — Reuß brachte gar Nichts heraus!

⁶⁸) So die Hf. jetzt, früher van; der Nachbeſſerer ſchabte das „v" weg, weil „van" ſogleich wieder folgt.

⁶⁹) Hf. aine, wie oben [III. 148. B.]; das Richtige daſ. 154. B. — Such hier 12. S.

⁷⁰) vgl. die 59. Anm.

⁷¹) Hf. geuwonen, doppelter Schrbf.; vgl. III. 100. u. 150. B. — Der Sinn iſt: „von einem Kebsweibe biſt du geboren!" Das jetzige „fille de jole" der Franzoſen lautet nicht viel anders. — Es war alſo ganz natürlich, daß Rennewart hierüber ſehr ergrimmte [ſich derzornte], und ſeinen Stiefbruder herausforderte [leſch].

⁷²) So die Hf. ſt derzornte; ebenſo oben [I. 137. B.] wapen ſt. wapente; ferner [III. 138. B.] beſton ſt. beſtont, und [I. 149. B.] derderenkeſe (ertränkte ſie) ſt. derdrenkte ſi; endlich gar [I. 69.] jagſſe ſt. jagte ſi, Letzteres lautet in Buchen: jôkſe, d h. „jug ſie"; vgl. Such hier 11. S.

⁷³) Dieſes „en" [d. h. ihn] iſt zu ſtreichen, weil „R." [Rennewart] ſogleich folgt; „alreſt" ſchließt die 2. Spalte, und beim Umwenden des Blattes vergaß der Schreiber das vorausgehende „en."

⁷⁴) d. h. „allererſt"; die Ausſtoßung des „r" iſt hoch- und niederdeutſch. Letzteres z. B. in:

„Als hi fe hadde in fijn geweut,
Ginc hi alreeft voren in'd wout."
Partonopeus 38. 9.

Meine Lesung ist sicher; dem guten Reuß kam aber das Wort spanisch vor, b'rum ließ er's aus!

75) Hs. „de yfenhoet;" vgl. den 67. V. — Ersteres ist Nachlässigkeit.

76) Hs. „halberc", Schrbf. [übrigens mit e, nicht mit s, wie man mir einst druckte]; „fin" steht st. finen. s. oben II. 68. V., und III. 127. V.

77) Hs. bif st. blz, wie III. 141. V.

78) So gewiß die Hs., nicht „abe," wie ich einst drucken ließ; zwar ist die Hs. hier durchstochen, aber „-re" ist sicher. Schon Reuß las „dare."

79) So die Hs. st. „stangen", wie seither, und sogleich wieder [153. V.]; es ist offenbare Unachtsamkeit des Schreibers, welchem „der stank [d. h. Geruch]" in die Finger kam.

80) nämlich Rennewart.

81) d. h. „sich bog"; s. oben den 87. V.

82) Hs. im, wie oben [I. 121. u. 126. V.]; ebenso II. 162. u. 164. V., auch unten [226. V.].

83) Die Hs. gewährt ganz beutlich wondste [mit einem Punkte über dem d] st. wonderte; es ist bloße Unwissenheit des Schreibers. Dieser hatte nämlich wondte vor sich, und hilt das Abkürzungs-Zeichen für ein Es; daher das Ungethüm! vgl. den 137. V.

84) „auf heidnisch", d. h. arabisch; vgl. Suchier 26. S. Nach Prof. Dietrich's Erklärung bedeuten die folgenden arabischen Wörter: „hilf mir, Mahomet!" — „arribe" ist die Befehlart, und kömmt von der Wurzel „rab", d. h. „können," oder „willfährig sein." — Die altfrz. Urschrift gewährt hier Nichts; doch an einer andern Stelle [Aliscans 168. S] heißt es:

„Palen le [den Rennewart] fulent, com aloe faucon;
„Avois!" sescrient, „aidiés, fire Mahon!"
Jonkbloet I. 369. S.

* Freundliche Mittheilung Hrn. Suchier's, aus der Germania V. [xvii.] Jahrg., 215. S.

85) So im Niederdeutschen; die Hs. hat bloß „S."

86) Hs. moell; das „m" steht fast aus, wie „ey"; daher las Reuß woell.

87) d. h. „eines Löwen Muth;" nach Reuß „einen schlauen Muth!"

⁸⁴) Hſ. mam, Schrbf.; doch ſteht unter dem 1. m-Striche ein Punkt, d. h. er gilt Nichts [alſo jetzt nam].

⁸⁹) Am Anfange der nächſten Zeile iſt ein kleines Wort [der?] ausgeſchabt.

⁹⁰) Hſ. irrig „alèxanſ" ſt. Alescans, oder Aloschans, wie Jonkbloet 6291. B. hat [x = cs = sc]; es iſt die jüngere Form von Aliscans, d. h. Elſenfeld. Sieh die Anm. zu Archant [II. 53. B.]. Das falſche Alexans ward offenbar erzeugt durch das oben [II. 171. B.] ſtehende Alexandre; der Schreiber verſtand wohl lateiniſch, nicht aber franzöſiſch.

⁹¹) Hſ. groſ, welches mit feinerer Schrift übergeſchrieben iſt; dieſelbe Hand und Tinte.

⁹²) Hſ. m̄gen, d. h. mengen, wie oben [II. 67. B.]; ſonſt manger.

⁹³) doden iſt, wie groſ, mit feinerer Schrift übergeſchrieben.

⁹⁴) Hſ. colbe, wie oft; ſ. I. 3. B. — Hier bietet die Hſ.: „daz ... | ... iſt," ohne Sinn; 2 kleine Wörter ſind am Ende und Anfange der Zeile ausgeſchabt.

⁹⁵) d. h. „hinten und hinten [ſo]"; ſ. „hinden unt voren," wie oben [III. 126. B.]. Die Urſchrift bietet:

„Paien le fuient et avant et arriere."
  Jonkbloet I. 380. S., 6295. B.,

⁹⁶) Über dieſem Namen ſteht ein rother Strich; ſ. I. 11. Anm.

⁹⁷) Hier iſt „er" ausgeſchabt; oben [I. 104., u. III. 47. B.] aber nicht.

⁹⁸) Hſ. wan, Schrbf.; ebenſo winden [49. B.].

⁹⁹) Hſ. geſaſ, wie vorhin [181. B.] groſ; ſ. I. 110. Anm.

¹⁰⁰) Hſ. ainen groſſen, vielleicht nur Schrbf.; vgl. Suchier 12. S.

¹⁰¹) Hſ. zeclaubin; wegen „in ſt. im [ihm]" ſ. Suchier 12. S. — Umgekehrt hatten wir im ſt. in oben [I. 121. B.], und öfters; ſ. die 82. Anm. Unten [226. B.] folgt es wieder.

*) So war zu leſen, nicht mouchte, wie bei Reuß und mir ſteht. Die Hſ. hat mouchtē [am Ende der Zeile]; aber ein Riß durch den 3. Falz dieſes Blattes machte den Querſtrich unbeütlich.

¹⁰²) So die Hſ. ſt. ſehen; ebenſo oben [II. 211. B.] geſahen ſt. geſehen; vgl. Suchier 9. S. — Da wir ſolche „a" ſchon öfters hatten, und unten [244. B.] noch ein ſolches bekommen; hielt ich ſie nicht für Schreibfehler, ſondern ließ ſie alle ſtehen. — Die Büchner ſagen auch „de Knéskal [für die Kniekehle]", gebrauchen aber das Wort „Kehle" ſonſt nicht; für „Rothkehlchen" ſagen ſie „das Roth-

brüſtchen." [le rouge-gorge hat der Franzoſe, da doch gorge ſonſt weiblich iſt].

103) So hier die Hſ. nach neuer Sprechweiſe; oben [III. 85. B.] hatten wir horne, und noch früher [II. 51. B.] hornre; vgl. Müller's WB. I. 715.

104) So die Hſ.; weder zo, noch troſten, wie Suchier leſen will, oder wirklich lieſt [9., 20. u. 26. S.], gewährt dieſelbe. — „durch zu tröſten = des Tröſtens wegen;" alſo: „um ihr Heer zu tröſten", d. h. zu ermuthigen; vgl. tröſter in den Beitr. IV. 236.

105) Hſ. Miten, ohne Grund.

106) Hſ. di, Schrbf.; ſonſt überall die.

107) Hſ. allten, Schrbf.

108) So die Hſ. ſt. in [ihnen], d. h. „gegen ſie [die Heiden];" vgl. die 82. u. 101. Anm. — „gegen" regierte früher die 3. u. 4. Endung zugleich.

109) So die Hſ. ſt. groſſem, wie ſchon oft; z. B. im 44. B. — ſ. II. 39. Anm.

110) Suchier will hier zur Herſtellung des Reimes „vlîte: samîte [d. h. Fleiße, Sammte]" geleſen wiſſen [6., 7. u. 20. S.]; ganz recht, wenn das Gedicht rein niederdeutſch wäre. Da Dies aber nicht der Fall iſt, laſſ' ich Alles ſtehen.

111) d. h. blinken; ebenſo:
„Do brachte Dieterichis vane
zwencik duſlnt loſſam;
ln lelt her [ließ er] blickin uber lant."
Kg. Ruother 2635. B. [bei Maßmann]; Irriges in Müller's WB. I. 206. S.

112) So die Hſ. ſt. preſſe; ſ. II. 157. B. — Ebenſo dereſſcet ſt. drlſket [I. 77. B.]; conoten ſt. knoten [I. 145. B.]; auch Beatran ſt. Bertran [II. 40. B.].

113) „lr" iſt in der Hſ. ausgeſchabt, kann aber ſtehen.

114) Hſ. ln dlſen ſt. dlſem; unten [246. B.] folgt deſen; überdies dirre [232. B.], und ſchon früher.

115) Hſ. gewlne; vgl. III. 55. Anm.

116) Hſ. meugonſ, fehlerhafte Zuſammenziehung; vgl. I. 137. B., und Ähnliches. Suchier 11. S.

117) Rother Strich über dieſem Namen; hier Baudin, unten [241. B.] Baudus, und oben [I. 95. B.] hatten wir Baudins; vgl. Suchier 18. S. — Die Urſchrift gewährt Baudus, neben Baudûns [Aliscans 160. S.].

118) L mitem colben, und vgl. I. 2. B.

¹¹⁹) Hf. im; vgl. die 82. Anm.
¹²⁰) Hinter diesem Namen [am Ende der Zeile] ist ein kleines Wort ausgeschabt.
¹²¹) Hf. naue st. neve [Neffe]; ebenso l. 128. V.
¹²²) Hf. weif, wie oben [181. V.] grof, und Ähnliches schon oft.
¹²³) „Ir", d. h. „er [betont]," nämlich Rennewart; „Ir" steht also hier für „jener" [225. V.]. Schon früher [I. 68. V.] hatten wir „jer" [d. h. Ir] st. „er." — Suchier's Vorschlag [26. S.], im vorigen Verse „Ir ist [d. h. N. ist]" st. „Ir sit" zu lesen, kann ich nicht billigen, weil wir dann das, unserm Dichter ungefällige „Ir [er]" 2mal hinter einander bekämen. Zu erwägen ist, daß das ndl. „hi [er]" auch für „jener" steht. —

Unsere Stelle findet sich leider nicht bei Gueffard [ält. Text], wohl aber bei Jonkbloet [I. 381. S.]; sie lautet so:
„Biax niez Baudus", ce a dit Desramez,
„Moult par est fors li marchis au cort nez,
„Et Renoars l'est plus de lui assez." 6334. V.

Das spricht freilich nicht für mich; aber unserm Dichter lag eine andre Hf. vor.

¹²⁴) l. imme campfe.
¹²⁵) Nicht bloß überwunden hatte Rennewart die 15 Könige, sondern gänzlich niedergemacht, wie wir oben [II. 206. V.] vernahmen; wegen „verwinden" vgl. daf. den 147. u. 201. V., und hier den 38. V.
¹²⁶) Hf. cnappē [am Ende der Zeile] st. cnappe; der folgende Selbstlaut ist wohl schuld an dem Striche [d. h. „n"]; vgl den 101. V., und Suchier 12. S.
¹²⁷) d. h. „hättet Ihr", nämlich Baubus.
¹²⁸) d. h. „Ihr möchtet ihm [Rennewart] wohl gleich thun; ebenso: „nu tuot si dem gelich." Minnesinger, II. 87. b., u. 88. b.; vgl. oben [91. V.] doen gewin.
„doen" fehlt in der Hf., läßt sich aber nicht entbehren; oder man müsste „gellchen [gleichen]" lesen, wie es Suchier 11. S. wirklich thut. —
meuchtē [am Ende der Zeile] steht für meuchtet in [d. h. im].
¹²⁹) Hf. „ere, st. here [Herr], wie sonst überall; f. I. 14. u. 89. V.; II. 20. u. 63. V., und noch öfters; auch hier oben [224. V.]. —
Umgekehrt hatten wir halle und hors [I. 63. u. 163. V.] st. alle u. ors.
Hr. Suchier 11. S. will auch bei hort [I. 117. V.] das „h" getilgt wissen, was ich nicht zugebe; denn „or" passt nicht zu

„ort", und „hort" bezeichnet hier deutlich genug ein „Behältniß", d. h. einen „Bretterverschlag im Schiffe", wo man die Gefangenen aufbewahrte; es ist das mlat. cortis.

Man vgl. Frisch I. 470., oder den alten Kalepinus unter cohors.

¹³⁰) Hs. alne [der Strich über dem „e" vergessen]; vgl. Suchier 12. S.

¹³¹) So st. fine m, wie oft genug; vgl. II. 39. Anm.

¹³²) d. h. „hackt' er ihn da"; vgl. Suchier 9. S. — Das erste „h" in hacht steht übrigens fast aus, wie „eh"; der Schreiber hängte ihm nämlich vorn ein kleines „e" an, daher las Reuß „m achter."

¹³³) Von diesem „pi" [am Ende der Zeile stehend] sind nur noch Spuren vorhanden; denn die Hs. hat hier ein kleines Loch. Bei Reuß fehlt es deßhalb; früher las ich jn [irrig].

¹³⁴) Hs. bloß „er", Schrbf.; in der nächsten Zeile fehlt das „m" nicht.

¹³⁵) Sinn: „bei der Hand [b. h. am obern Theile, wo er ihn anfaßte] bestrich er ihn [den Kolben] mit Wachse da ꝛc." — Die Urschrift lautet bei Jonkbloet I. 382. S.:

„Por miex tenir, l'ot-il bien atirez;
Bien le manole tot à sa volontez."
6345. B. —

Den bösen Leßfehler „atirez [b. h. angezogen]" erkannte schon Suchier 26. S.; denn es muß offenbar „acirez [b. h. gewichst = mit Wachse bestrichen]" heißen! Die „e u. t" waren also schon in der Urschrift schwer zu unterscheiden; vgl. oben [III. 95. B.] martel, und hier [21. Anm] perc.

¹³⁶) Nach unserer Sprechweise müßt' es „der [deren]" heißen; vgl. I. 189. B., und oben [48. B.].

¹³⁷) Hs. jnde, Schrbf.

¹³⁸) d. h. „keinen wußte;" also genauer· „weste dekeinen." Suchier 9. S.

¹³⁹) So st. desem, oder disem, wie oben [219. B.]; auch standarte sollte stehen.

¹⁴⁰) Die Lesung standart ist ganz sicher; meine früheren Zweifel waren unbegründet. Jonkbloet bietet a. a. O. [6348. B.]:

„A l'estandart, biax oncles, vos seez."

¹⁴¹) Hs. di re, wie schon öfters; s. II. 48. Anm.

¹⁴²) s. II. 45. Anm.

¹⁴³) Hs. bloß geweldeche̅ [am Ende der Zeile], Schrbf., oder

vielmehr Unachtsamkeit; vgl. II. 77. B., auch hier den 24. B. und Suchier 8. u. 9. S. — Dieselbe Unachtsamkeit hatten wir oben [85. B.].

¹⁴⁴) „en", eigentlich „in [ihnen, d. h. den Christen]" fehlt in der Hs., muß aber stehen; f. I. 12. B.

¹⁴⁵) Hs. „n"; vgl. I. 73. B., dazu die Anm.

¹⁴⁶) vgl. oben [II. 2. B.].

¹⁴⁷) So die Hs. irrig st. uzer [d. h. uz der]; denn scare ist immer weiblich [s. oben I. 18. B., und II. 67. B.]. — Gleiche Nachlässigkeit hatten wir oben [III. 98. B.], nämlich „van sinem luiloun-hout."

¹⁴⁸) st. sinem, wie oben [II. 219. B.].

Ende der Anmerkungen zum **IV.** und letzten Blatte.

Berichtigungen.

1. S.,	4. Z. v. o.,	lies:	**Eitzinger** [nicht mit „K"].	
2. ",	9. " " ",	":	**Jonkbloet** [der Durchschuß fehlt].	
7. ",	5. " " u.,	setze am Ende einen Beistrich [st. Punkt).		
13. ",	6. " " o.,	lies: auch **der Wilhelm's** [der Durchschuß fehlt].		
15. ",	2. " " u.,	": **uzdrisket** [st. -kit].		
16. ",	5. " " o.,	": **sieben** [st. viele].		
" ",	17. " " u.,	": .i. cevaus [d. h. ein Pferd].		
" ",	5. " " ",	tilge den Beistrich nach **Aliscans**		
17. ",	6. " " o.,	lies: **freilich** [das „f" fehlt].		
" ",	15. " " ",	": **61. B.** [der 1. Punkt fehlt].		
21. ",	12. " " u,	": **leur force . . . . Déjà**.		
22. ",	7. " " ",	": **.vill.** [der 2. Punkt fehlt].		
25. ",	2. " " ",	": **gevlegen** [das „n" ist undeutlich].		
26. ",	9. " " o.,	": **behagen**.		
" ",	11. " " ",	": **geholfen**.		
31. ",	3. " " u.,	setze nach 39 B.] einen Punkt.		
38. ",	16. " " o.,	lies: **Desrame** [der Durchschuß fehlt].		
" ",	4. " " u.,	": **alle mitalle** [getrennt].		
41. ",	8. " " ",	": **vlouhen**.		
42. ",	1. " " o.,	": **alf** [st. alf].		
44. ",	7. " " ",	": **Sh.** [st. Sh,].		
52. ",	16. " " u.,	": **wondern.** [der Punkt fehlt].		
54. ",	2. " " ",	setze nach 110) einen Punkt.		
56. ",	4. " " ",	lies: **Denkm.** [st. Beitr.].		
59. ",	9. " " ",	": **Schrbf.** [der Punkt fehlt].		

A. Verzeichniſs

der eignen Namen,

welche in obigen Bruchſtücken*) vorkommen.

---

a. Örtliche.

A.
Aleſchans 1. S.
Alexandre [Hurepe van] 27.
Alexans [ſt. Alescans] 54.
Aliscans 2.
Aliſchanz 1.
Amerika 32.
Anjou [Reinier van] 40.
Arcaiſe 32.
Arcange 9. ?
Archant 23. 40. [2mal].
Arl [Riburg, Kgn. v.] 35.
Arrabe 17.

B.
Babilone [Borel van] 40.
Bordel [Girart van] 40.
Boſindant [Margot van] 24.

C.
Candoie [hoher Thurm] 52.
Comarcis [Girart van] 8.

D.
Damas [Morinde van] 11.

E. [Nichts].

F.
Frankreich, ſ. Vrankeriche.

G, H, I, K. [Nichts].

L.
Laon 16.
Loqiferne [hoher Thurm] 52.

M.
Mer [die van uber] 54.
Monforel [Guion van] 40.
Montlaon 16.

N.
Narbôn [cuns Heimrîch von] 32.
Naribon [Gr. Heinrich von] 32.

O.
Orange [Guillaume d'] 2.
Orange [priſe d'] 3.
Orangis [kuns Gwillm de] 32.

---

*) Auch die Anmerkungen ſind theilweiſe vertreten.

Oransche 2. 14. 32.
Orcasse [daz koncriche van] 24.
Orcoisc 32.
Orgaz 32.
Orjent 24. 28.

P.
Palerne [alle die van] 54.
Pavie [Irmenschart von] 32.

Q, R. [Nichts].

S.
Spanie [mit den van] 54.
Stors [daz koncriche van] 24.

T.
Termes [Gautiers van] 8.

U.
uber Mer [die van] 54.

V.
Vrankeriche [daz fuesse lant van] 6.
Vrankeriche [vliehen gein] 6.
Vrankeriche [er ware van] 9.

W, X, Y, Z. [Nichts].

b. Persönliche.

A.
Acrapars [der konc] 41. S.
Adam 24.
Aenré 36.
Aeuré 36.
Agrapart 42.
Aiglin [ohne s] 30.
Aimeri [Heinrich] 24. 39.
Aimeris 32.
Aimirich 32.
Aiquin [ohne s] 30.
Arabel [Orable] 35.

B.
Batres 51.
Baudin 55.
Baudins 8.
Bauduns 64.
Baudus 55. 64. 65.
Beinsterze [Ulricus] 57.

Beratran 23.
Bernart 22. 29.
Bertran 8. 9. 10. 11. 22. 23. 54.
Bertrans 30.
Bewon 22.
Borel van Babilone [conc] 40. 41.
Bornus 51.
Borrels 46.
Bruiens 51.
Buevon 29.

C.
Clariaus 51.
Claudubais 51.
corter nase [Guillam miter] 9.
cort nez [li marchis au] 65.
de Cristen 5. 24. 41. 55. 56.

Criſtus 24.
Crucados 44. 47.
Crutados [?] 47.

D.
Desrame [der conc, Terramer] 7. 16. 28. 37. 38. 39. 50. 55. 56.
Desrames 51. 60.
Desramez 60. 65.
Deus [Gott] 25.
Diebaus 51.

E.
Elinant 10.
Elmant 18.
Enorré 36.
Eſtele [der miralde] 11.
Eſtiflé 19.

F.
François 44.
de Franzoiſen 25. 27. 39. 54.

G.
Ganbus 51.
Gaudin 38.
Gautiers van Termes 8.
Gerart 12.
Girart van Bordel 40.
„ „ Comarcis 8.
Giuborg [falſch] 27.
Guibelin 16.
Guiborg [Wigburg] 35.
Guiburg 13.
Guielin 8.
Guillam [m. der kurzen Naſe] 6. 8. 9. 22. 23. 24. ꝛc.
Guinemant 43.

Guion van Monſorel 40.
Guizars 8.
Gwillâms [kuns de Orangis] 32.

H.
de Haiden [d. h. Araber, oder Muhamedaner] 5 6. 7. 8. 9. 10 ꝛc.
Haimerichus 32.
Hamericus 32.
de Heiden 7. 28.
ein „ „ 7.
Heimirih, Heimrih 32.
Hurepe van Alexandre [der conc] 27.

I.
Ieſus Criſtus 24.
Irmenſchart [von Pavie] 32.

K.
Karlus Martellus 46.
Kiburg . [Kiburch, Giburch] 13. 35.
Kiburg [von Arl] 35.
Krufabos [Krutabos?] 47.
kurzen Naſe [Wilhelm mit der] 9. 17. 32.

L.
Lucifer 24.

M.
Mahom 52.
Mahomet 53.
Mahon 43. 44. 60 62.
Malaties 51.
Malegrape 58.
Malqidant 10.

Margos 34.
Margot van Bofindant [der koninc] 24. 25.
Marie [fente] 43. 53. 58.
Maulaerz 51.
Maulars 51.
Milon 10.
Morgans 51.
Morinde van Damas [der konc] 11.

N. [Nichts]

O.
Orable [Arabel] 35.
Oranſche [W. v.] 14. 35.
Orenge [li marchis d'] 14.

P.
Paien [die Heiden, d. h. Araber] 62. 63.
Percegues 51.
Perceguez 60.

Q. [Nichts].

R.
Rainouars 13. 17. 19. 20. 31.
Rainouart 33.
Reinier van Anjou 40.
Renoars 44. 57. 60. 65.
Rennewart 13.
Renoart 13. 58.
Renwart [Rennewart] 5. 6. 7. 8. 9. 10. 2c.

S.
Samuant 10.
Samuel 10.
Samul 10.
Sarraſin 44.
Sarraſins [i.] 44.
Sinagon [der koninc] 5.
„   „   [der conk] 54.

T.
Tenebres [der konc] 51.
Terramer [Desrame] 16.
Tervagant 43. 44.
ain Turc 10.
ain Turke 10.
.ii. Turke 26.
.l. Turke 8. 55.

U. [Nichts].

V.
Valegrapes [Walegrape] 60.
Vivians 7.
Vivianz 16.
Viviens 16.

W.
Walegrape [der conc, Malegrape] 49. 50. 51. 52. 53.
Wigburg [Kiburg] 13. 35.

X, Y, Z. [Nichts].

B. Verzeichniſs

der Gattungswörter,

welche auffielen*), und theilweiſe erklärt wurden.

A.

a c irez [gewichst] 66. S.
after [der] 49.
„ „ [hinden unt] 54.
ain [allein, einzig] 49. 55.
„ [ſt. ainen] 40. 41.
aine [ſt. aime] 61.
„ „ [Hſ. ainen] 6.
d'aine 11.
ainen [allein] 41.
al geweldec 25.
alle [Hſ. halle] 7.
alle mitalle 38.
alles dings 26. 39.
alreſt [zuerſt] 52.
an [fehlend] 17.
„ [früher van] 52.
„ weggeſchabt, oder vergeſſen] 27.
and' erde 53.
anders [ſonſt] 39.
andersſin [desgl.] 27.
d'andre [ſite] 39.
d'andren 41.
ane [ohne] 56.
anſichte [ind'] 48.
antelice 54.

Appelgra [apfelgrau, ein Pferd] 11.
arcare [falſch] 17.
arembroſte [van aime] 25.
d'arme 27. 42.
arride [hilf, arabiſch] 53.
a tirez [angezogen, falſch] 66.
d'augen 41.

B.

bacelerare [altfrz. bacheler, ein junger Ritter] 22.
bauc [ſich bog] 50. 53.
baume [ſt. baum] 24.
becumert [belaſtet, bedeckt] 7.
behueten [ſich behüten] 27.
Beinſterzchen [das, ein Vogel] 57.
beſpreinget 27.
beſſren [ſich beſſern] 7.
beſton [ſt. beſtont] 41.
betalle [gänzlich] 49.
bewand [beſtrich] 55.
bis [ſt. biz] 24. 27. 48. 52.
bit min [warte auf mich] 56.
biz [Hſ. ſonſt biſ] 41.
bliken [blinken] 55.

---

*) Nämlich den Leſern meiner „Beiträge"; denn an jene dacht' ich zunächſt.

blifcebe 52.
blifcepe 52.
bloden [ohne „e"] 5.
bloeden 6. 11. 53.
bloemen 38.
boben [über] 24.
bocfelich [Hf. mit „m"] 6.
boefen [besgl.] 7.
bogenfcure [aine] 54.
„   „   [.ii] 56.
bogenfcuffe [aine] 22.
boifoune 23. 39.
brehaingnen 38.
broder [ohne „e"] 24.
broecgurtel 52.
broeder 51. 53.
bruke [ft. brucke] 6.
buhel e [ft. buhel] 6. 41.

C.

calande 8.
calant 8.
cappe 49.
cendal 55.
cieren [heilde] 55.
cirkel 38.
ck [niemals, nur „k"] 14.
clopte [an fin cene] 51.
clubet [fchält fich] 24.
cnappe 51. 55.
comfiert [ft. fconfiert] 41.
conliche [frei, unbedenklich] 26.
conoten [ft. knoten, Knöpfe] 9.
confeus [Rath] 11.
cort [kurz] 9. 65.

cortis 66.
couper [Kupfer] 40.
craft 27. 38.
craphelin [kleiner Zinken]. 50.
craphen [Zinken] 50. 53.
crauwel [Streithacken] 50. 51. 52 53.
crufelecht 49.
cuffen [küffen] 52.

D.

d'aine 11.
d'andre [fite] 39.
d'andren 41.
d'arme 27. 42.
darouf 11.
dat [ft. daz] 9. 11.
d'augen 41.
de [ft. der] 8. 55.
„ [Hf. der] 51.
dei [ft. die] 22.
den [ft. der] 49. 55.
„ [ft. ten, tem?] 48.
d'en [ft. in] 41.
denne [außer] 26.
der [ft. dir] 52.
„ [Hf. de] 40.
dercanten 23.
dercobren 28. 56.
d'erden 10. 11.
derdonen 24.
derdrenkte [ertränkte] 9.
derefcet [ft. drifket, brifcht] 7.
dergan [ergehen] 5.
derloft [erlöst] 9. 22. 23.

derloſt' er [erlöſte er] 9.
dermite [damit] 50.
derobe [dadurch, davon] 26. 27.
derof [darauf] 12.
derſlagen 8. 9. 10. 28. 38. 39. 50. 53. 55
derſlan 5. 39.
derſloeg [erſchlug] 10.
dervart [beſtürzt] 7. 29.
dervor [davor] 41.
dervrauwe ſich [erfreiie ſich] 51.
derzorn ſich [ſt. derzornte] 52.
derzuhe 10.
deſen 10. 56.
deſe ſite [diesſeits] 24.
dez [ſt. daz] 7.
dich [ſt. dir] 6.
dire [ſt. dir] 45.
dire [ſt. dirre] 33.
diſem 5.
diſen 55.
dochte [ſt. dachte] 9.
doen [ergänzt] 55.
don [ſt. doen] 23.
dor [ſt. dorch] 7. 10. 11. 39. 40. 54. 56.
dorch [ſt. durch] 54. 55.
doz [ſt. daz] 48.

E.

ee [ſt. et, halt] 5.
einde [Ende] 27.
-en [überflüſſig] 52.
d'en [ſt. in] 41.

ende [und] 9.
enfantosmé [le cors] 36.
enſcomfiert 8.
er [überflüſſig] 8. 38.
„ [weggeſchabt] 54.
„ [ſt. er'n, d. h. er ihn] 66.
„ [ehe] 8.
d'erden [of, in] 10. 11.
ere |ſt. here, Herr] 65.
erſten [den, ſt. ten, zum?] 48.
eſtandart 44. 66.
et [ſt. ez] 24.

F.

fille de joie 61.
flegel 25.
forment [Getreide] 24.
Freüdenweib [Kebsweib] 61.
fuz [der Kolben] 58.

G.

gabt [ſt. gebt] 49.
gebrouchen [gebrochen] 53.
gecloben 39.
gedinket 24.
gehoulfen 26.
gein [kein] 5. 9. 29. 40.
geislen [mit] 9.
gelibert [geronnen] 7. 41.
ir gelicht [Ihr gleicht, ſeht aus] 9.
gelten 39. 52.
genade [Dank] 26.
geſahen [ſt. geſehen] 28.
geſien [desgl.] 36.
geſlagte [ſt. geſlechte] 52.
geſlechte 9. 51.

geuwonen [ſt. gewonnen] 61.
gevenkeniſſe 22.
gevliegen [ſt. geflieh en] 25.
gevlogen [ſt. geflohen] 29.
gewarben [ſt. gewerben] 26.
geweldec 25.
geweldechëlichen 56.
geweldekeliche 24.
gewin [doen] 51.
gewinnen 40. 42. 52.
graile 23.
groſſe [dat] 11.
groſſim [ſt. grozem] 38.
g'unert [beſchimpft] 52.

H.

hacht' er [hackte er] 55.
haideniſſe [in, b. h. auf heidniſch] 53.
haidniſcaſt [in der] 55.
hailt [Held] 26. 53.
halle [ſt. alle] 7.
halleme [ſt. helm] 48.
hals [nicht krage] 6.
handen [vergeſſen] 50.
har [nit ain] 22. 25.
har [ſt. her] 6. 49. 51.
hardan 25. 26.
hare unt dare 23.
haren tare 7.
haren unt tare 6.
har unt dar 7. 27. 56.
harſtonier [ſonſt härſenier] 42. 50.
haub [ſt. hoeb] 10.

haup [beßgl.] 39.
heilde [Helden] 55.
heilſen [umarmen] 52.
helm e [ſt helm] 11. 25. 38. 39.
here [Herr; dafür ero in der Hſ.] 55.
hieſs [ſt. was, war] 11.
hiew-er [hieb er] 26.
hinden unt after [ſo?] 54.
birne [daz] 41.
„ [die] 28.
hocher [ganc of] 48.
hoes [ſt. has] 6. 10. 26. 28. 38.
hoet [ſt. hat] 6. 23. 40.
hon [ſt. han] 10. 50. 55.
horne 39.
horner 54.
hornre 23.
hors [ſt. ors, Roſs] 10.
hort [nicht ſt. ort] 8.
hot [ſt. hat] 27.
hout [Haut, weiblich] 40. 42.
hueten [ſich hüten] 5.
huet' dich [Hſ. huetich] 52.
hulen [heülen] 58.

I.

ier, ober ir [ſt. er] 7.
ierternuwen [wiederholen] 38.
ieſchen 52.
ieſelech [ſt. ieslich] 5.
iet [ſt. iht] 25.
im [ſt. in] 9.
in [ſt. im] 9.

iu [ft. an] 23. 24. 26. 27.
    43.
„ [vergessen] 49.
ind' ansichte 48.
ir [ft. jener] 55.
„ [ft. uwer] 5.
ir' ons nit [ft. irr' o. n.] 48.
isen [Eisen] 8. 43.
isenin [eisern] 5.
iser [Eisen] 54.
it [nicht] 6. 39.

J.

jag-se [ft. jagte si] 7.
je [ft. ic, ich] 12.
jer [ft. er] 15.
„ [ft. ir] 15.
jesenin [ft. isenin, eisern] 13.
jesseliche 40.
jesseweder [an j. sit] 27.
Joiouse [Schwert Wilhelm's v. O.] 39.
jument [die Stute] 33.

K.

k [einfach, niemals „ck", oder „kk"] 14.
Kebsweib [damals Freiibenweib] 61.
keine [ft. keiner] 25.
kemnoten [in ir] 27.
ke reste 22.
kinde 39. 41.
kinder [b. h. Knappen] 9. 12. 22.
kindre 10.
kint [de] 12.

klaub 38.
koberonge [Erholung] 23.
kreste [mit alle der] 25.
kuene [ain k. ritre] 23.

L.

lauwen [Löwen] 42. 53.
lebendinc 10. 48.
leker [Schimpfwort] 38.
leren [lernen] 11.
lichame [ohne „n"] 23. 29.
liegen [lügen] 50. 51.
luchten [Hf. lucht] 52.
luitoun [wildes Thier] 24.
„ „ -hout 40.
luke [Lücke] 26.

M.

marine 24. 39.
martel [Hammer, nicht marcel] 40.
men [man] 7. 8. 23. 24.
mengen [ft. mangen] 54.
menger [ft. manger] 24.
merie [Stute] 25. 26.
mir [ft. mich] 15.
miralde [jetzt émir] 11.
mitalle [alle] 38.
miten [ft. mit dem] 49. 50. 55.
miten [ft. mit den] 41. 54.
Monjoie [Schlachtruf] 5. 43. 44.
Monschoi [desgl.] 13.

N.

nagel [die] 43.
nagle 42.

naſe [miter corter] 9.
naſen [oſ der] 41.
nave [ſt. neve] 9. 55.
necromantia 36.
nés [au cort] 17.
niergen 6. 25.
nimer 6. 38. 41. 55.
nit [Nichts] 10.
nit ain har 22. 25.
nit-nit [gar Nichts] 40.
numer [nimmer] 9. 10. 11. 28. 42. 48.

O.

obe [ſt. abe] 6. 12.
ober [ſt. aber] 9.
oehem [Oheim] 23. 51.
olifant [Hörner] 44.
olſe [ſt. alſo] 10. 40.
omacht [Ohnmacht, Betäubung] 41.
omband [entband, d. h. band auf] 9.
ombe [ſt. umbe] 24.
omfiel [entfiel] 49.
one [ſt. ane] 10. 39.
ongewin [Schaden] 49.
onſelc [verflucht] 42.
onſelden [z'allen] 51.
onſelgen [der o. Haiden] 39.
onſlief [entſchlief, d. h. ſchlief ein] 27.
onthaben [enthalten, d. h. feſthalten] 49.
ontweich [entwich] 50.
orſe [ſt. ors, d. h. Roſs] 10.

ort [nicht ſt. hort] 65.
ortière [en l'] 58.

P.

paulme 39.
perc [ſt. pert] 58.
pereſſen [in die] 55.
phelel 25. 41.
phil 25.
phont 25.
phuce [nicht puche] 49.
phuzze [Brunnen] 57.
pi [nicht jn] 55.
piument [Gewürz] 24.
pounais 55.
pouneis 41.
preſſe 5. 27.
puche [falſch] 57.
putze [nur halb richtig] 57.

Q.

quatage [ſt. quatege, d. h. kothige Pfütze] 49.
quatatage [falſch] 57.

R.

raiſs [riſs] 52.
reſtonge [Aufenthalt] 23.
ribalt [Taugenichts] 48.
ribaut [desgl.] 44.

S.

ſahen [ſt. ſehen] 54.
ſains [Senſe] 6.
ſamiten [van] 54.
ſaz [ſetzte ſich] 11. 12.
ſazen [ſetzten ſich] 12.
ſchiere [jüngere Form] 6.

ſcife [ſciffe] 16.
ſecherhede [Sicherheit, d. h. Schutz] 51.
ſerpent [Drache] 24.
ſi [ſich, ſibi] 11.
ſic [Hſ. ſi] 7.
ſie he [ſt. ſihe] 15.
ſin [ſt. ſin e n] 24. 38. 41. 52.
ſotte [ne f. nit] 52.
ſoud [ſt. ſoult', ſollte] 61.
ſoult' [ſt. ſolte] 49. 52.
ſcune [Sohn, Söhne] 40. 50.
ſpeſie [Spezerei] 24.
ſtach [ſtieß] 11. 12.
ſtaine 38.
ſtandart 56. 66.
ſtanken [mit der] 52.
ſtechen [ſtoßen] 11.
ſterce [mit dem] 49.
ſterte [nbl.] 57.
ſterzchen [Bein=, Vogel] 57.
ſtiefs 12. 50.
ſtont [=mal] 50.
ſtoſſen [mit dem] 22.
ſuar [ſchwer] 10.
ſuarz [ſchwarz] 40. 41. 42. 49.
ſuert [Schwert] 38.
ſuindechelichen [geſchwind] 48. 50.
ſuindecheliche [ohne „n"] 50.
ſulen [ſt. ſullen] 14.
ſuls [ſt. ſunſt?] 22.
ſuwar [ſt. ſwar, ſchwer] 40.

ſuware [deegl.] 10.
ſuwarz [ſt. ſwarz] 25.
ſuwert [ſt. ſwert] 25. 38.
ſuwerte [vor ſime] 5.
„ „ [Mh.] 12.

T.

tambor [Trommeln] 23.
touren [Thürme] 52.
trompen [Trompeten] 23.
troſten [ermuthigen] 54.
tuvel e [ſt. tuvel] 6. 23. 25. 40. 42.

U.

u [ſt. uch, euch, vos] 5. 7. 42.
ube [ſt. ob, wenn] 24.
„ ic [ſt. ob ic] 50.
ub'ic [deegl.] 52.
uberwarf [ſich überſchlug] 50.
uch [ſt. u, vobis] 5.
uder [oder] 22.
ulte [ſchrie] 49.
ulten [heülten, ſchrieen] 22.
umbe [ain lant] 51.
umber [immer] 53.
umer [deegl.] 9. 38.
uwila [die Eüle] 58.
uzdriſket [ausbricht] 7.
uzem [ſt. uze r] 56.

V.

vaincuz [überwunden] 58.
v an [jetzt an] 52.
vareniſſe [Beſorgniſs] 55.
vermant [ermahnt, d. h. erinnert] 11.
verwant [ſchützte, rettete] 24.

verwonden [überwunden] 26. 28. 49. 55.
vlanc [ſt. vlauch, floh] 25.
vlegel 7. 25. 26. 40.
vlien [fliehen] 34.
vliſſe [ſt. vlîte, Fleiße] 54.
vloch [floh] 26.
vloucht ir [floht ihr] 7.
vlouhen [flohen] 7. 41. 42. 54.
vlucht [wer ir, wer von euch flieht] 5.
vluhen [flohen] 41.
voeſſen [ſt. voeſſe, 25 Fuß] 8.
volc 6. 41. 42. 56.
volks [ſins] 6.
voren [vor, vorwärts] 39.
votılc 42.
vrumeklichen [tüchtig, tapfer] 13.
vrunkelichen [brav, wacker] 5.
vulichen [völlig, gänzlich] 50.

W.
wan [one] 39.
wane [woher] 9.
warumbe [warum] 7.
warve [-mal] 24.

waſſe [mit, m. Wachſe] 55.
waſte [ſt. weſte, wuſſte] 56.
wek [in goeden] 52.
wieder [ſt. widor] 58.
wier [ſt. wir] 14.
wiſen [ohne „t"] 6.
worden [ſt. wurden] 7. 39. 56.
worm [Wurm, b. h. Schlange] 42.
wormin 25.
wurumbe [ſt. warumbe, darum] 9.

X. [Nichts].

Y.
yngremance [mit] 29.
yſen, yſen [ſt. iſen, Eiſen] 16.

Z.
zannende 43.
zarte 42.
zeclaub [zerfetzte] 54.
zeſcurte [zerriſs] 50.
zeſtaup [zerſtob] 48.
zoe z'im [zu ſich] 50.
zo im [desgl.] 50.
zornoc [ſt. zoruec, zornig] 25.

Ende der beiden Regiſter.

C. Inhalts-Anzeige.

	Seite
Die Schlacht von Alischanz [Kitzinger Bruchstücke].	
Quellen und Hülfsmittel	1.
Anmerkungen	3.
I. Blatt, 4 ganze Spalten enthaltend.	
a. Berichtigter Text	5.
b. Anmerkungen	12.
Schlußbemerkung	21.
II. Blatt, 2 ganze, und 2 verstümmelte Spalten enthaltend.	
a. Berichtigter Text	22.
b. Anmerkungen	29.
Wappen des Dichters	30.
III. Blatt, 2 ganze, und 2 verstümmelte Spalten enthaltend.	
a. Berichtigter Text	37.
Anhang zum III. Blatte	44.
b. Anmerkungen	—.
Wappen des Dichters	—.
IV. Blatt, 4 ganze Spalten enthaltend.	
a. Berichtigter Text	48.
b. Anmerkungen	56.
Wappen des Dichters	58.
A. Verzeichniß der eignen Namen, welche in obigen Bruchstücken vorkommen.	
a. Örtliche	68.
b. Persönliche	69.
B. Verzeichniß der Gattungswörter in denselben, welche auffielen, und theilweise erklärt wurden	72.
C. Inhalts-Anzeige	80.

Ende der Inhalts-Anzeige.

Geendet zu München, am 29. April 1874.
Gedruckt zu Stattamhof bei Joseph Mayr.

www.ingramcontent.com/pod-product-compliance
Lightning Source LLC
Chambersburg PA
CBHW020323090426
42735CB00009B/1387